LEITFADEN FÜR MANAGER-ANFÄNGER
EINE UMFASSENDE ROADMAP FÜR EFFEKTIVE FÜHRUNG

Inhaltsverzeichnis

Einführung 1
Die Rolle eines Managers: Navigieren durch das Verantwortungs Labyrinth 3
Übergang ins Management: Den Wechsel vom Kollegen zur Führungskraft meistern 6
Kernkompetenzen des Managements: Die Bausteine effektiver Führung 10
Rekrutierung und Einstellung: So stellen Sie Ihr Dreamteam zusammen 14
Onboarding neuer Mitarbeiter: Voraussetzungen für den Erfolg schaffen 17
Teamdynamik aufbauen: Zusammenarbeit, Vertrauen und Erfolg fördern 20
Vielfalt und Inklusion: Unterschiede akzeptieren, Innovation fördern und eine bessere Zukunft aufbauen 24
Schulung und Entwicklung: Investition in das Wachstum und den Erfolg Ihres Teams 28
Leistungsmanagement: Potenzial maximieren, Ergebnisse erzielen und Wachstum fördern 32
Motivation und Engagement: Leidenschaft wecken, Einsatz fördern und Erfolg vorantreiben 35
Führungsstile: Den Weg zum Erfolg finden 39
Emotionale Intelligenz: Der Schlüssel zu effektiver Führung und persönlichem Wachstum 43
Delegation: Andere befähigen, Effizienz maximieren und Erfolg erzielen 46
Zeitmanagement: Die Kunst der Produktivität, Balance und des Erfolgs meistern 49
Veränderungen bewältigen: Mit Belastbarkeit und Anpassungsfähigkeit durch die Winde der Transformation navigieren 52

Schwierige Gespräche führen: Herausforderungen mit Empathie, Klarheit und Respekt meistern 56
Konfliktlösung: Herausforderungen in Chancen für Wachstum und Zusammenarbeit verwandeln 60
Krisenmanagement: Mit Resilienz und Strategie durch turbulente Gewässer navigieren 63
Schaffen einer produktiven Arbeitsumgebung: Förderung von Kultur, Zusammenarbeit und Wohlbefinden 67
Prozessverbesserung: Steigerung von Effizienz, Qualität und Innovation 71
Zielsetzung und -verfolgung: Mit Klarheit und Verantwortlichkeit zum Erfolg navigieren 75
Strategische Planung: Mit Vision und Zielsetzung den Kurs zum Erfolg bestimmen 78
Entscheidungsfindung: Komplexität mit Klarheit und Zuversicht meistern 82
Innovation und Kreativität: Die Kraft der Vorstellungskraft und des Einfallsreichtums entfesseln 86
Networking: Verbindungen für Erfolg und Wachstum aufbauen 89
Stakeholder-Management: Beziehungen aufbauen für Erfolg und Nachhaltigkeit 92
Funktionsübergreifende Zusammenarbeit: Einheit fördern für gemeinsamen Erfolg 95
Kontinuierliches Lernen: Wachstum für die persönliche und berufliche Entwicklung nutzen 99
Work-Life-Balance: Harmonie in einer hektischen Welt fördern 102
Reflektieren und verbessern: Der Weg zum persönlichen und beruflichen Wachstum 105
Abschluss 108

Urheberrechtshinweis

Alle Rechte vorbehalten. Kein Teil dieses Buches darf ohne die vorherige schriftliche Genehmigung des Herausgebers in irgendeiner Form oder mit irgendwelchen Mitteln, einschließlich Fotokopieren, Aufzeichnen oder anderen elektronischen oder mechanischen Methoden, reproduziert, verbreitet oder übertragen werden, sofern dies nicht durch das Urheberrechtsgesetz gestattet ist.

Einführung

Willkommen in der Welt des Managements – eine spannende Reise voller Herausforderungen, Chancen und dem Potenzial für tiefgreifende Auswirkungen. Egal, ob Sie kürzlich in eine Führungsposition befördert wurden oder überlegen, diese Rolle zu übernehmen, dieser Leitfaden ist als zuverlässiger Begleiter konzipiert und bietet einen umfassenden Leitfaden, der Ihnen hilft, die Komplexität der Führung mit Zuversicht und Kompetenz zu meistern.

Im heutigen dynamischen und schnelllebigen Geschäftsumfeld ist die Rolle eines Managers wichtiger denn je. Manager sind nicht nur Zuchtmeister; sie sind Visionäre, Coaches und Katalysatoren für Veränderungen. Sie sind dafür verantwortlich, Teams auf gemeinsame Ziele hinzuführen, eine Kultur der Zusammenarbeit und Innovation zu fördern und letztlich den Erfolg des Unternehmens voranzutreiben.

Doch der Schritt in eine Führungsrolle kann entmutigend sein. Viele neue Manager stehen vor einer steilen Lernkurve und müssen sich mit ungewohnten Herausforderungen und Verantwortungen auseinandersetzen. Der Übergang vom Kollegen zum Leiter eines Teams erfordert eine Änderung der Denkweise und der Fähigkeiten. Er erfordert nicht nur ein tiefes Verständnis für die Feinheiten des Managements, sondern auch die Fähigkeit, andere zu inspirieren, zu motivieren und zu bestärken.

Dieser Leitfaden soll Ihnen dabei helfen, diesen Übergang reibungslos und effektiv zu gestalten. Egal, ob Sie ein Team von zwei oder zwanzig Personen leiten, ob Sie für ein kleines Projekt oder eine ganze Abteilung verantwortlich sind, die hier beschriebenen Prinzipien und Strategien werden Ihnen dabei helfen, als Manager erfolgreich zu sein.

In den folgenden Kapiteln behandeln wir eine breite Palette von Themen, die für angehende Manager wichtig sind, vom Verständnis der grundlegenden Prinzipien des Managements über die Verbesserung

Ihrer Führungsqualitäten, den Aufbau und die Entwicklung Ihres Teams, das Bewältigen von Herausforderungen, die Steigerung der Produktivität und die Förderung strategischen Denkens. Jedes Kapitel ist vollgepackt mit praktischen Tipps, Beispielen aus der Praxis und umsetzbaren Ratschlägen, die auf den neuesten Forschungsergebnissen und Best Practices im Bereich Management basieren.

Dieses Buch ist aber mehr als nur eine Anleitung, sondern auch eine Einladung, sich auf eine Reise des persönlichen und beruflichen Wachstums zu begeben. Um ein großartiger Manager zu werden, muss man nicht nur eine Reihe von Fähigkeiten beherrschen; es geht darum, die Denkweise und Gewohnheiten eines lebenslangen Lernenden zu kultivieren und ständig danach zu streben, sich als Reaktion auf neue Herausforderungen und Chancen zu verbessern und weiterzuentwickeln.

Ganz gleich, ob Sie Ihre erste Führungsrolle übernehmen oder Ihre vorhandenen Führungskompetenzen verbessern möchten: Ich lade Sie ein, in die transformative Kraft effektiven Managements einzutauchen, sie zu erkunden und zu entdecken. Ihre Reise beginnt hier.

Die Rolle eines Managers: Navigieren durch das Verantwortungs Labyrinth

Okay, Sie haben sich also eine Führungsposition gesichert. Glückwunsch! Aber halten Sie sich gut fest, denn Sie werden sich auf eine wilde Fahrt voller Wendungen und mehr Verantwortung einlassen, als Sie sich vorstellen können. Was genau bedeutet es also, ein Manager zu sein? Schnall dich an, mein Freund, denn wir werden gleich tief in das Labyrinth der Führungsverantwortung eintauchen.

Das Wichtigste zuerst: Lassen Sie uns über das große Ganze sprechen. Als Manager sind Sie nicht nur ein weiteres Rädchen im Getriebe, sondern Sie sind derjenige, der das Schiff steuert. Ja, das stimmt – Sie sind jetzt der Kapitän. Ihre Aufgabe ist es, den Kurs festzulegen, die Richtung vorzugeben und sicherzustellen, dass alle an Bord in die gleiche Richtung rudern. Klingt nach einer großen Aufgabe, oder? Das ist es auch, aber keine Sorge, wir werden es in mundgerechte Stücke zerlegen.

Eine Ihrer wichtigsten Aufgaben als Manager ist das Setzen von Zielen und Vorgaben. Stellen Sie es sich so vor, als würden Sie einen Kurs auf einer Karte festlegen. Wo möchten Sie hin? Was möchten Sie erreichen? Das sind die Fragen, die Sie beantworten müssen. Sobald Sie Ihre Ziele festgelegt haben, ist es an der Zeit, die Truppen zu sammeln und alle an Bord zu holen. Kommunikation ist hier der Schlüssel, mein Freund. Sie müssen sicherstellen, dass jeder weiß, was von ihm erwartet wird und wie seine Rolle in das Gesamtbild passt.

Doch das Setzen von Zielen ist nur der Anfang. Als Manager sind Sie auch dafür verantwortlich, dass diese Ziele tatsächlich erreicht werden. Das bedeutet, dass Sie den Fortschritt genau im Auge behalten, die Leistung verfolgen und bei Bedarf Kurskorrekturen vornehmen müssen. Es ist wie beim Trainer einer Sportmannschaft –

Sie müssen den Ball im Auge behalten und sicherstellen, dass jeder sein Bestes gibt.

Natürlich geht es beim Management nicht nur darum, Ziele zu setzen und die Peitsche zu schwingen. Es geht auch darum, Ihr Team zu unterstützen und ihm zu helfen, zu wachsen und sich zu entwickeln. Das bedeutet, Feedback, Coaching und Mentoring bereitzustellen. Betrachten Sie sich selbst als Gärtner – Sie müssen Ihr Team pflegen und ihm helfen, zu gedeihen.

Aber warten Sie, da ist noch mehr! Als Manager sind Sie auch dafür verantwortlich, ein positives Arbeitsumfeld zu schaffen. Das bedeutet, eine Kultur der Zusammenarbeit, des Vertrauens und des Respekts zu fördern. Sie müssen der Kitt sein, der das Team zusammenhält, der Cheerleader, der die Moral hochhält, und die Stimme der Vernunft, wenn es zu Spannungen kommt. Das ist ein harter Job, aber hey, jemand muss ihn ja machen.

Und vergessen wir nicht die weniger spaßigen Dinge – wie den Umgang mit Konflikten und das Lösen von Problemen. Ja, als Manager sind Sie auch der Feuerwehrmann vor Ort. Wenn etwas schief geht, sind Sie derjenige, der einspringen und die Lage retten muss. Ob es darum geht, einen Streit zwischen Teammitgliedern zu schlichten oder eine Lösung für ein schiefgelaufenes Projekt zu finden, Sie müssen schnell reagieren und auch unter Druck einen kühlen Kopf bewahren.

Aber hey, es ist nicht alles nur Trübsal. Als Manager hat man auch seine Vorteile. Zum einen haben Sie mehr Autonomie und Autorität als ein durchschnittlicher Mitarbeiter. Außerdem haben Sie die Möglichkeit, wirklich etwas zu bewirken – nicht nur in Ihrem Team, sondern in der gesamten Organisation. Und vergessen wir nicht den Gehaltscheck. Ja, als Manager bekommt man oft ein höheres Gehalt und bessere Zusatzleistungen. Nicht schlecht, oder?

Das ist also die Rolle eines Managers in aller Kürze. Es ist ein herausfordernder, anspruchsvoller und manchmal ausgesprochen stressiger Job. Aber er ist auch unglaublich lohnend. Also krempeln

Sie die Ärmel hoch, spitzen Sie Ihre Bleistifte und machen Sie sich bereit, kopfüber in die wilde und wunderbare Welt des Managements einzutauchen. Sie schaffen das!

Übergang ins Management: Den Wechsel vom Kollegen zur Führungskraft meistern

Okay, sprechen wir über den großen Sprung – den Übergang vom einfachen Teammitglied zum Manager. Es ist eine Reise voller Aufregung, Herausforderungen und jede Menge Lernen. Also schnappen Sie sich eine Tasse Kaffee und machen Sie es sich bequem, während wir uns eingehend damit befassen, was es bedeutet, vom Kollegen zum Leiter zu werden.

Zunächst einmal müssen wir uns mit dem Elefanten im Raum befassen – dem gefürchteten Hochstapler-Syndrom. Sie wissen, wovon ich spreche – dieses nagende Gefühl, dass Sie für den Job nicht qualifiziert sind und nur so tun, als ob, bis Sie es schaffen. Und wissen Sie was? Sie sind nicht allein. So ziemlich jeder neue Manager hat sich irgendwann einmal so gefühlt. Aber das ist der Punkt – Sie wären nicht befördert worden, wenn Ihr Chef nicht an Sie geglaubt hätte. Also atmen Sie tief durch, halten Sie den Kopf hoch und denken Sie daran, dass Sie das Zeug zum Erfolg haben.

Lassen Sie uns nun über die Denkweise sprechen. Beim Übergang ins Management geht es nicht nur darum, neue Fähigkeiten zu erlernen; es geht auch darum, eine neue Denkweise anzunehmen. Sie sind nicht mehr nur für Ihre eigene Arbeit verantwortlich; Sie sind jetzt für die Arbeit anderer verantwortlich. Das bedeutet, dass Sie Ihren Fokus von „ich" auf „wir" verlagern. Es bedeutet, dass Sie weniger darüber nachdenken, wie Sie Ihre eigene Karriere voranbringen können, und mehr darüber, wie Sie Ihrem Team zum Erfolg verhelfen können. Es ist eine subtile, aber wichtige Veränderung – eine, die den entscheidenden Unterschied für Ihre Effektivität als Manager ausmachen kann.

Als nächstes sprechen wir über Grenzen. Als neuer Manager kann es verlockend sein, jedermanns bester Freund sein zu wollen – die Grenzen zwischen Chef und Kumpel zu verwischen. Aber das ist der Punkt – Manager zu sein bedeutet, manchmal schwierige Entscheidungen zu treffen, und das ist viel schwieriger, wenn man seinen Teammitgliedern zu nahe steht. Während es also wichtig ist, zugänglich und unterstützend zu sein, ist es auch wichtig, ein gewisses Maß an professioneller Distanz zu wahren. Das bedeutet nicht, dass Sie distanziert oder unnahbar sein müssen, aber es bedeutet, klare Grenzen zu setzen und diese einzuhalten.

Kommen wir nun zur Kommunikation. Als Manager ist effektive Kommunikation absolut entscheidend. Sie müssen Ihre Erwartungen klar artikulieren, konstruktives Feedback geben und sich die Sorgen und Ideen Ihrer Teammitglieder anhören können. Aber hier ist der Punkt – bei der Kommunikation geht es nicht nur darum, was Sie sagen, sondern auch darum, wie Sie es sagen. Als Manager haben Ihre Worte Gewicht, also wählen Sie sie sorgfältig. Achten Sie auf Ihren Tonfall, Ihre Körpersprache und Ihr Verhalten. Denken Sie daran, Kommunikation ist keine Einbahnstraße, also stellen Sie sicher, dass Sie nicht nur mit Ihrem Team reden, sondern auch zuhören, was es zu sagen hat.

Natürlich geht es bei der Kommunikation nicht nur um Worte, sondern auch um Taten. Als Manager gibt Ihr Verhalten den Ton für Ihr Team an. Gehen Sie also mit gutem Beispiel voran. Erscheinen Sie pünktlich, halten Sie Ihre Termine ein und behandeln Sie Ihre Teammitglieder mit Respekt. Seien Sie die Art von Führungskraft, der Sie gerne folgen würden.

Lassen Sie uns nun über das Delegieren sprechen. Als neuer Manager kann es verlockend sein, alles selbst machen zu wollen – jedes kleine Detail bis ins kleinste Detail zu regeln. Aber das ist ein sicheres Rezept für Burnout. Als Manager besteht Ihre Aufgabe nicht darin, die Arbeit zu erledigen, sondern dafür zu sorgen, dass die Arbeit erledigt wird. Das bedeutet, dass Sie lernen müssen, effektiv zu delegieren. Identifizieren Sie die Stärken und Schwächen Ihrer Teammitglieder und weisen Sie die Aufgaben entsprechend zu. Und dann vertrauen Sie darauf, dass sie die Arbeit erledigen. Das kann zunächst beängstigend sein, aber denken Sie daran – Sie haben Ihre Teammitglieder aus einem bestimmten Grund eingestellt. Geben Sie ihnen die Möglichkeit, zu glänzen.

Okay, sprechen wir über Feedback. Als Manager ist die Bereitstellung von Feedback eine Ihrer wichtigsten Aufgaben. Ob Lob für eine gut erledigte Arbeit oder konstruktive Kritik für eine Arbeit, die verbessert werden muss – Feedback hilft Ihren Teammitgliedern, zu wachsen und sich weiterzuentwickeln. Aber hier ist der Punkt – bei Feedback geht es nicht nur darum, darauf hinzuweisen, was schiefgelaufen ist; es geht auch darum, zu feiern, was richtig gelaufen ist. Vergessen Sie also nicht, Anerkennung zu geben, wo sie angebracht ist. Und denken Sie daran, dass Feedback immer spezifisch, zeitnah und umsetzbar sein sollte. Sagen Sie Ihren Teammitgliedern nicht nur, dass sie sich verbessern müssen, sondern zeigen Sie ihnen, wie.

Lassen Sie uns nun über die Entscheidungsfindung sprechen. Als Manager werden Sie regelmäßig mit schwierigen Entscheidungen konfrontiert. Manche davon werden einfach sein, manche werden schwer sein und manche werden Sie schlaflose Nächte bereiten. Aber das ist der Punkt – Entscheidungen zu vermeiden ist keine Option. Als Manager müssen Sie bereit sein, schwierige Entscheidungen zu treffen, auch wenn sie unpopulär sind. Das bedeutet nicht, dass Sie Entscheidungen im luftleeren Raum treffen sollten; es bedeutet, dass Sie alle relevanten Informationen sammeln, die Vor- und Nachteile abwägen und dann mit den Ihnen zur Verfügung stehenden Informationen die bestmögliche Entscheidung treffen sollten. Und denken Sie daran, nicht jede Entscheidung wird ein Volltreffer sein, und das ist in Ordnung. Lernen Sie aus Ihren Fehlern, passen Sie den Kurs bei Bedarf an und machen Sie weiter.

Okay, sprechen wir über Zeitmanagement. Als Manager ist Ihre Zeit kostbar und es gibt nie genug davon. Das bedeutet, dass Sie Ihre Aufgaben konsequent priorisieren und Ihre Zeit effektiv verwalten müssen. Identifizieren Sie Ihre obersten Prioritäten und konzentrieren Sie sich zuerst auf diese. Delegieren oder verschieben Sie weniger wichtige Aufgaben. Und vergessen Sie nicht, Zeit für Pausen und Selbstfürsorge einzuplanen. Denken Sie daran, dass Sie aus einer leeren Tasse nichts einschenken können. Achten Sie also darauf, dass Sie auch auf sich selbst achten.

Lassen Sie uns nun über Selbstbewusstsein sprechen. Als Manager ist es wichtig, seine Stärken und Schwächen, seine blinden Flecken und Vorurteile zu kennen. Nehmen Sie sich die Zeit, über Ihr eigenes Verhalten und dessen Auswirkungen auf Ihr Team nachzudenken. Seien Sie offen für Feedback und geben Sie Fehler zu. Und denken Sie daran: Niemand ist perfekt – wir sind alle noch nicht perfekt.

Okay, lassen Sie uns das abschließen. Der Übergang ins Management ist eine Reise voller Höhen und Tiefen, Herausforderungen und Erfolge. Aber mit der richtigen Einstellung, den richtigen Fähigkeiten und der richtigen Unterstützung haben Sie alles, was Sie brauchen, um erfolgreich zu sein. Also krempeln Sie die Ärmel hoch, legen Sie los und machen Sie sich bereit, die Führung zu übernehmen. Sie schaffen das!

Kernkompetenzen des Managements: Die Bausteine effektiver Führung

Okay, kommen wir zur Sache und sprechen über das Wesentliche – die grundlegenden Managementfähigkeiten, die Sie benötigen, um in Ihrer Rolle als Führungskraft erfolgreich zu sein. Wir sprechen über die grundlegenden Fähigkeiten, die Sie zum Erfolg führen, egal ob Sie ein Team von zwei oder zwanzig Personen leiten, ob Sie ein kleines Projekt oder eine ganze Abteilung führen. Also schnappen Sie sich Stift und Papier, denn wir werden gleich tiefer in die Materie eintauchen, die es braucht, um ein großartiger Manager zu sein.

Lassen Sie uns zunächst über Kommunikation sprechen. Als Manager ist effektive Kommunikation absolut entscheidend. Sie müssen in der Lage sein, Ihre Erwartungen klar zu artikulieren, konstruktives Feedback zu geben und sich die Sorgen und Ideen Ihrer Teammitglieder anzuhören. Aber hier ist der Punkt – bei der Kommunikation geht es nicht nur darum, was Sie sagen, sondern auch darum, wie Sie es sagen. Als Manager haben Ihre Worte Gewicht, also wählen Sie sie sorgfältig. Achten Sie auf Ihren Tonfall, Ihre Körpersprache und Ihr Verhalten. Denken Sie daran, Kommunikation ist eine Einbahnstraße. Stellen Sie also sicher, dass Sie nicht nur mit Ihrem Team sprechen, sondern auch zuhören, was es zu sagen hat.

Als nächstes sprechen wir über die Entscheidungsfindung. Als Manager werden Sie regelmäßig mit schwierigen Entscheidungen konfrontiert. Manche davon werden einfach sein, manche werden schwer sein und manche werden Sie schlaflose Nächte bereiten. Aber das ist der Punkt – Entscheidungen zu vermeiden ist keine Option. Als Manager müssen Sie bereit sein, schwierige Entscheidungen zu treffen, auch wenn sie unpopulär sind. Das bedeutet nicht, dass Sie Entscheidungen im luftleeren Raum treffen sollten; es bedeutet, dass Sie alle relevanten Informationen sammeln, die Vor- und Nachteile abwägen und dann mit den Ihnen zur Verfügung stehenden Informationen die bestmögliche Entscheidung treffen sollten. Und denken Sie daran, nicht jede Entscheidung wird ein Volltreffer sein, und das ist in Ordnung. Lernen Sie aus Ihren Fehlern, passen Sie den Kurs bei Bedarf an und machen Sie weiter.

Lassen Sie uns nun über das Delegieren sprechen. Als neuer Manager kann es verlockend sein, alles selbst machen zu wollen – jedes kleine Detail bis ins kleinste Detail zu regeln. Aber das ist ein sicheres Rezept für Burnout. Als Manager besteht Ihre Aufgabe nicht darin, die Arbeit zu erledigen, sondern dafür zu sorgen, dass die Arbeit erledigt wird. Das bedeutet, dass Sie lernen müssen, effektiv zu delegieren. Identifizieren Sie die Stärken und Schwächen Ihrer Teammitglieder und weisen Sie die Aufgaben entsprechend zu. Und dann vertrauen Sie darauf, dass sie die Arbeit erledigen. Das kann zunächst beängstigend sein, aber denken Sie daran – Sie haben Ihre Teammitglieder aus einem bestimmten Grund eingestellt. Geben Sie ihnen die Möglichkeit, zu glänzen.

Okay, sprechen wir über Feedback. Als Manager ist die Bereitstellung von Feedback eine Ihrer wichtigsten Aufgaben. Ob Lob für eine gut erledigte Arbeit oder konstruktive Kritik für eine Arbeit, die verbessert werden muss – Feedback hilft Ihren Teammitgliedern, zu wachsen und sich weiterzuentwickeln. Aber hier ist der Punkt – bei Feedback geht es nicht nur darum, darauf hinzuweisen, was schiefgelaufen ist; es geht auch darum, zu feiern, was richtig gelaufen ist. Vergessen Sie also nicht, Anerkennung zu geben, wo sie angebracht ist. Und denken Sie daran, dass Feedback immer spezifisch, zeitnah und umsetzbar sein sollte. Sagen Sie Ihren Teammitgliedern nicht nur, dass sie sich verbessern müssen, sondern zeigen Sie ihnen, wie.

Als nächstes sprechen wir über Zeitmanagement. Als Manager ist Ihre Zeit kostbar und es gibt nie genug davon. Das bedeutet, dass Sie Ihre Aufgaben konsequent priorisieren und Ihre Zeit effektiv verwalten müssen. Identifizieren Sie Ihre obersten Prioritäten und konzentrieren

Sie sich zuerst auf diese. Delegieren oder verschieben Sie weniger wichtige Aufgaben. Und vergessen Sie nicht, Zeit für Pausen und Selbstfürsorge einzuplanen. Denken Sie daran, dass Sie aus einer leeren Tasse nichts einschenken können. Achten Sie also darauf, dass Sie auch auf sich selbst achten.

Lassen Sie uns nun über Führung sprechen. Als Manager sind Sie nicht nur ein Chef, sondern ein Anführer. Das bedeutet, dass Sie Ihre Teammitglieder inspirieren, motivieren und befähigen, ihr Bestes zu geben. Es bedeutet, mit gutem Beispiel voranzugehen, den Ton für Ihr Team anzugeben und ein positives Arbeitsumfeld zu schaffen, in dem sich jeder wertgeschätzt und unterstützt fühlt. Aber hier ist der Punkt – bei Führung geht es nicht darum, die lauteste Stimme im Raum zu sein oder alle Antworten zu haben. Es geht um Bescheidenheit, Einfühlungsvermögen und die Bereitschaft, die Ärmel hochzukrempeln und bei Bedarf selbst Hand anzulegen. Es geht darum, Vertrauen aufzubauen und die Zusammenarbeit zu fördern. Es geht darum, die einzigartigen Stärken und Talente jedes Einzelnen in Ihrem Team zu erkennen und ihnen zu helfen, ihr volles Potenzial auszuschöpfen.

Lassen Sie uns abschließend über Anpassungsfähigkeit sprechen. Als Manager werden Sie regelmäßig mit unerwarteten Herausforderungen, Veränderungen und Überraschungen konfrontiert. Das liegt in der Natur der Sache. Daher ist es wichtig, flexibel und anpassungsfähig zu sein und die Dinge auf sich zukommen zu lassen. Das bedeutet, offen für neue Ideen zu sein, bereit zu sein, neue Ansätze auszuprobieren und in der Lage zu sein, umzuschwenken, wenn die Dinge nicht nach Plan laufen. Es bedeutet, widerstandsfähig gegenüber Widrigkeiten zu sein und in der Lage zu sein, sich von Rückschlägen zu erholen. Denken Sie daran, Veränderungen sind unvermeidlich, aber wie Sie darauf reagieren, liegt bei Ihnen.

Also gut, da haben Sie es – die grundlegenden Managementfähigkeiten, die Sie brauchen, um als Führungskraft erfolgreich zu sein. Kommunikation, Entscheidungsfindung, Delegation, Feedback, Zeitmanagement, Führung und Anpassungsfähigkeit. Wenn Sie diese Fähigkeiten beherrschen, sind Sie auf dem besten Weg, die Art von Manager zu werden, der die Leute gerne folgen. Also krempeln Sie die Ärmel hoch, legen Sie los und machen Sie sich bereit, zu führen. Sie schaffen das!

Rekrutierung und Einstellung: So stellen Sie Ihr Dreamteam zusammen

Okay, tauchen wir in einen der kritischsten Aspekte eines Managers ein – Rekrutierung und Einstellung. Ein starkes Team aufzubauen ist wie ein Haus zu bauen; alles beginnt mit einem soliden Fundament. Also schnappen Sie sich Ihren Bauhelm und Ihren Werkzeugkasten, denn wir werden gleich die Grundlagen dafür legen, die besten Talente zu finden und einzustellen.

Zunächst einmal wollen wir über die Bedeutung der Personalbeschaffung sprechen. Ihr Team ist nur so stark wie sein schwächstes Glied. Daher ist es wichtig, Zeit und Mühe in die Suche nach den richtigen Leuten für den Job zu investieren. Aber hier ist der Punkt: Bei der Personalbeschaffung geht es nicht nur darum, eine Stelle zu besetzen, sondern darum, die perfekte Besetzung zu finden. Sie suchen nicht nur jemanden, der die Arbeit erledigen kann, sondern jemanden, der darin hervorragende Leistungen erbringt, jemanden, der Ihre Werte und Ihre Vision für das Team teilt.

Wie finden Sie diese schwer zu fassenden Einhörner? Zunächst müssen Sie wissen, wonach Sie suchen. Bevor Sie überhaupt daran denken, eine Stellenanzeige zu veröffentlichen, sollten Sie sich die Zeit nehmen, die Rolle und ihre Anforderungen klar zu definieren. Welche Fähigkeiten und Erfahrungen sind wichtig? Nach welchen Persönlichkeitsmerkmalen suchen Sie? Welche Werte und kulturelle Übereinstimmung sind Ihrem Team wichtig? Sobald Sie ein klares Bild davon haben, wonach Sie suchen, ist es an der Zeit, Ihr Netz auszuwerfen und mit der Anwerbung von Kandidaten zu beginnen.

Eine der effektivsten Möglichkeiten, Top-Talente anzulocken, sind Ihre Stellenausschreibungen. Betrachten Sie es als eine Art Verkaufsgespräch: Sie möchten die Vergünstigungen und Vorteile einer Arbeit in Ihrem Team hervorheben und die Stelle so attraktiv wie möglich darstellen. Geben Sie unbedingt alle wichtigen Details an, wie die Stellenbezeichnung, Verantwortlichkeiten, Qualifikationen und etwaige Vergünstigungen oder Vorteile. Und vergessen Sie nicht, Ihren Stellenausschreibungen ein wenig Persönlichkeit zu verleihen – schließlich möchten Sie Kandidaten anziehen, die nicht nur qualifiziert sind, sondern sich auch über die Möglichkeit freuen, Teil Ihres Teams zu werden.

Aber eine Stellenanzeige zu veröffentlichen ist nur der Anfang. Um wirklich Toptalente anzuziehen, müssen Sie dorthin gehen, wo die Kandidaten sind. Das bedeutet, dass Sie Ihr Netzwerk nutzen, Branchenveranstaltungen besuchen und Online-Plattformen wie LinkedIn und Jobbörsen nutzen. Scheuen Sie sich nicht, kreativ zu werden – denken Sie über den Tellerrand hinaus und erkunden Sie unkonventionelle Kanäle, um Talente zu finden.

Sobald Sie einen Pool von Kandidaten angezogen haben, ist es Zeit, die Ärmel hochzukrempeln und mit dem Auswahlverfahren zu beginnen. Hier trennen Sie die Spreu vom Weizen und die Diamanten vom Rohdiamanten. Beginnen Sie mit der Durchsicht von Lebensläufen und Anschreiben und suchen Sie nach Kandidaten, die die grundlegenden Qualifikationen für die Stelle erfüllen. Aber hören Sie hier nicht auf – graben Sie tiefer. Suchen Sie nach Belegen für Erfolge und Leistungen, nicht nur nach einer langen Liste von Arbeitspflichten. Und vergessen Sie nicht, auf die kleinen Details zu achten – Rechtschreibfehler, Formatierungsprobleme und andere Warnzeichen können ein Zeichen für Schlamperei oder mangelnde Liebe zum Detail sein.

Sobald Sie Ihren Kandidatenpool eingegrenzt haben, ist es Zeit für die nächste Phase: die Vorstellungsgespräche. Dies ist Ihre Chance, die Kandidaten besser kennenzulernen und ihre Fähigkeiten, ihre Erfahrung und ihre Eignung für Ihr Team zu beurteilen. Aber denken Sie daran, Vorstellungsgespräche sind keine Einbahnstraße. Es geht nicht nur darum, den Kandidaten mit Fragen zu löchern, sondern ihm auch die Möglichkeit zu geben, Fragen zu stellen und mehr über die Stelle und Ihr Team zu erfahren. Sorgen Sie also für eine einladende und anregende Atmosphäre und seien Sie darauf vorbereitet, alle Fragen zu beantworten, die der Kandidat möglicherweise hat.

Aber Vorstellungsgespräche sind nur ein Teil des Puzzles. Um die Eignung eines Kandidaten für die Stelle wirklich beurteilen zu können, ist es wichtig, über das traditionelle Vorstellungsgespräch Format hinauszugehen. Erwägen Sie, praktische Übungen, Fallstudien oder Job Simulationen in Ihren Einstellungsprozess einzubauen. Diese können wertvolle Einblicke in die Fähigkeiten, Problemlösungskompetenzen und kulturelle Eignung eines Kandidaten liefern.

Okay, Sie haben Ihren Traumkandidaten gefunden – und was nun? Nun ist es an der Zeit, den Deal abzuschließen. Aber bevor Sie ein Angebot machen, sollten Sie unbedingt Referenzen prüfen und alle notwendigen Hintergrundprüfungen durchführen. Sie möchten sichergehen, dass Sie jemanden einstellen, der nicht nur qualifiziert, sondern auch vertrauenswürdig und zuverlässig ist.

Sobald Sie Ihre Sorgfaltspflicht erfüllt haben, ist es an der Zeit, das Angebot zu unterbreiten. Achten Sie darauf, die Beschäftigungsbedingungen, einschließlich Gehalt, Zusatzleistungen, Startdatum und alle anderen relevanten Details, klar darzulegen. Und vergessen Sie nicht, Ihre Begeisterung darüber auszudrücken, dass sie Teil Ihres Teams werden – schließlich möchten Sie, dass sie von der Chance genauso begeistert sind wie Sie.

Okay, da haben Sie es also – Rekrutierung und Einstellung auf den Punkt gebracht. Es ist ein anspruchsvoller und zeitaufwändiger Prozess, aber mit der richtigen Herangehensweise und ein wenig Ausdauer können Sie ein Team aufbauen, das fähig, motiviert und bereit ist, es mit der Welt aufzunehmen. Also krempeln Sie die Ärmel hoch, gehen Sie raus und beginnen Sie mit dem Aufbau Ihres Traumteams. Die Zukunft liegt in Ihren Händen!

Onboarding neuer Mitarbeiter: Voraussetzungen für den Erfolg schaffen

Okay, Sie haben gerade einen neuen Mitarbeiter eingestellt – herzlichen Glückwunsch! Aber warten Sie einen Moment, denn die eigentliche Arbeit fängt gerade erst an. Jetzt kommt die entscheidende Aufgabe, ihn in Ihr Team einzuarbeiten und ihn auf Erfolg vorzubereiten. Eine effektive Einarbeitung ist wie das Legen des Fundaments für ein neues Gebäude – sie bereitet die Bühne für alles, was danach kommt. Also schnappen Sie sich Ihren Bauhelm und Ihre Baupläne, denn wir werden gleich tief in die Kunst der Einarbeitung neuer Mitarbeiter eintauchen.

Zunächst einmal wollen wir über die Bedeutung des Onboardings sprechen. Untersuchungen zeigen, dass ein effektives Onboarding einen erheblichen Einfluss auf die Mitarbeiterbindung, Produktivität und Zufriedenheit haben kann. Tatsächlich bleiben Mitarbeiter, die einen strukturierten Onboarding-Prozess durchlaufen, eher langfristig im Unternehmen und erbringen bessere Leistungen als Mitarbeiter, die dies nicht tun. Zeit und Mühe in das Onboarding zu investieren ist also nicht nur nett, sondern ein Muss.

Gut, nachdem wir nun geklärt haben, warum Onboarding wichtig ist, wollen wir darüber sprechen, wie man es richtig macht. Bei effektivem Onboarding geht es darum, neuen Mitarbeitern das Gefühl zu geben, willkommen und wertgeschätzt zu sein und sofort loslegen zu können. Es geht darum, ihnen zu helfen, sich in das Team zu integrieren, ihre Rolle und Verantwortung zu verstehen und Vertrauen in ihre Fähigkeit zu gewinnen, erfolgreich zu sein.

Einer der ersten Schritte im Onboarding-Prozess besteht darin, eine einladende Umgebung für Ihren neuen Mitarbeiter zu schaffen. Stellen Sie es sich so vor, als würden Sie ihm den roten Teppich ausrollen – Sie möchten, dass er sich vom ersten Tag an wie ein VIP fühlt. Das bedeutet, dass Sie ihn bei seiner Ankunft herzlich begrüßen, ihn seinen Kollegen vorstellen und ihm einen Rundgang durch das Büro geben. Richten Sie seinen Arbeitsplatz im Voraus mit allen Werkzeugen und Ressourcen ein, die er für den Einstieg benötigt.

Als nächstes sprechen wir über den Papierkram. Ich weiß, ich weiß, das ist nicht der aufregendste Teil der Einarbeitung, aber trotzdem wichtig. Sorgen Sie dafür, dass Sie alle notwendigen Unterlagen bereit haben, damit Ihr neuer Mitarbeiter sie am ersten Tag ausfüllen kann, einschließlich Steuerformulare, Gehaltsabrechnung Informationen und alle anderen erforderlichen Dokumente. Sie können diesen Prozess rationalisieren, indem Sie im Voraus elektronische Formulare bereitstellen und bei Bedarf Hilfe anbieten.

Gut, jetzt, da der Papierkram erledigt ist, ist es an der Zeit, sich mit den Einzelheiten des Jobs zu befassen. Hier stellen Sie Ihrem neuen Mitarbeiter seine Rolle und seine Verantwortlichkeiten vor und geben ihm die Informationen und Schulungen, die er braucht, um erfolgreich zu sein. Achten Sie darauf, die Grundlagen abzudecken, wie Unternehmensrichtlinien und -verfahren sowie alle spezifischen Erwartungen an seine Rolle. Und vergessen Sie nicht, ihm einen Mentor oder Kumpel zuzuweisen, der ihm in den ersten Wochen im Job helfen kann.

Beim Onboarding geht es jedoch nicht nur darum, Ihren neuen Mitarbeiter mit Informationen zu bombardieren – es geht auch darum, Verbindungen zu knüpfen und Beziehungen aufzubauen. Nehmen Sie sich die Zeit, Einzelgespräche mit wichtigen Beteiligten zu vereinbaren, darunter mit dem Vorgesetzten, Teamkollegen und anderen Kollegen, mit denen er eng zusammenarbeiten wird. Diese Treffen bieten Ihrem neuen Mitarbeiter die Möglichkeit, Fragen zu stellen, seine Kollegen kennenzulernen und mit dem Aufbau dieser so wichtigen Beziehungen zu beginnen.

Okay, sprechen wir über Schulungen. Als Teil des Onboarding-Prozesses ist es wichtig, Ihrem neuen Mitarbeiter die

Schulungen zu geben, die er braucht, um in seiner Rolle erfolgreich zu sein. Dazu können formelle Schulungen, Hospitationsmöglichkeiten oder praktische Erfahrungen mit wichtigen Aufgaben und Projekten gehören. Passen Sie die Schulung unbedingt an den Lernstil und das Lerntempo Ihres neuen Mitarbeiters an und bieten Sie ihm während des gesamten Prozesses zahlreiche Möglichkeiten für Feedback und Unterstützung.

Natürlich endet das Onboarding nicht nach dem ersten Tag oder sogar der ersten Woche. Effektives Onboarding ist ein fortlaufender Prozess, der Wochen, Monate oder sogar länger dauert, je nach Komplexität der Rolle. Sprechen Sie regelmäßig mit Ihrem neuen Mitarbeiter, um zu sehen, wie er sich einlebt, beantworten Sie alle Fragen oder Bedenken, die er möglicherweise hat, und bieten Sie ihm bei Bedarf zusätzliche Unterstützung oder Schulungen an.

Okay, fassen wir das zusammen. Die Einarbeitung neuer Mitarbeiter ist ein entscheidender Schritt, um sie auf Erfolg vorzubereiten und sicherzustellen, dass sie sich vom ersten Tag an willkommen und wertgeschätzt fühlen. Indem Sie eine einladende Umgebung schaffen, die erforderlichen Informationen und Schulungen bereitstellen, Verbindungen und Beziehungen pflegen und fortlaufende Unterstützung und Feedback anbieten, können Sie Ihren neuen Mitarbeitern helfen, sofort durchzustarten und wertvolle Mitglieder Ihres Teams zu werden. Rollen Sie also den roten Teppich aus, heißen Sie Ihren neuen Mitarbeiter mit offenen Armen willkommen und machen Sie sich bereit, ihn aufblühen zu sehen. Die Zukunft ist rosig!

Teamdynamik aufbauen: Zusammenarbeit, Vertrauen und Erfolg fördern

Okay, sprechen wir über einen der wichtigsten Aspekte einer Führungsposition – den Aufbau einer starken Teamdynamik. Ihr Team ist wie eine gut geölte Maschine. Wenn alle reibungslos zusammenarbeiten, können Sie großartige Dinge erreichen. Aber der Aufbau dieser Dynamik geschieht nicht über Nacht – er erfordert Zeit, Mühe und jede Menge Absicht. Also schnappen Sie sich Ihren Werkzeugkasten und Ihren Schutzhelm, denn wir werden gleich tief in die Kunst des Aufbaus einer effektiven Teamdynamik eintauchen.

Zunächst einmal wollen wir über die Bedeutung der Teamdynamik sprechen. Untersuchungen zeigen, dass Teams mit starker Dynamik produktiver, innovativer und widerstandsfähiger gegenüber Herausforderungen sind. Sie sind besser in der Lage, zusammenzuarbeiten, zu kommunizieren und Probleme effektiv zu lösen. Mit anderen Worten: Eine starke Teamdynamik ist das Geheimrezept, mit dem Ihr Team von gut zu großartig werden kann.

Wie also bauen Sie eine starke Teamdynamik auf? Nun, alles beginnt mit der Förderung einer Kultur der Zusammenarbeit und des Vertrauens. Ihre Teammitglieder müssen sich sicher fühlen, ihre Meinung zu sagen, ihre Ideen zu teilen und Risiken einzugehen, ohne Angst vor Verurteilung oder Repressalien haben zu müssen. Das bedeutet, ein Umfeld zu schaffen, in dem jede Stimme gehört und geschätzt wird, in dem Feedback konstruktiv und respektvoll ist und die Vielfalt von Gedanken und Perspektiven gefeiert wird.

Eine der besten Möglichkeiten, Zusammenarbeit und Vertrauen zu fördern, sind Teambuilding-Aktivitäten. Dabei kann es sich um einfache Kennenlernspiele oder um aufwändige Klausuren außerhalb des Teams handeln. Es geht darum, herauszufinden, was für Ihr Team funktioniert. Das Ziel besteht darin, Ihren Teammitgliedern die Möglichkeit zu geben, sich besser kennenzulernen, Vertrauen aufzubauen und ihre Verbindungen zu stärken. Ob es sich nun um eine Schnitzeljagd, einen Hochseilgarten oder eine Runde Teamquiz handelt, der Schlüssel liegt darin, Erlebnisse zu schaffen, die Spaß machen, spannend und bedeutsam sind.

Aber Teambuilding-Aktivitäten sind nur ein Teil des Puzzles. Der Aufbau einer starken Teamdynamik erfordert auch kontinuierliche Anstrengungen und Investitionen in den Aufbau von Beziehungen. Das bedeutet, regelmäßige Teambesprechungen, persönliche Gespräche und informelle Treffen außerhalb der Arbeit zu planen. Es bedeutet, sich die Zeit zu nehmen, den Sorgen Ihrer Teammitglieder zuzuhören, ihre Erfolge zu feiern und bei Bedarf Unterstützung anzubieten. Und es bedeutet, mit gutem Beispiel voranzugehen und das Verhalten vorzuleben, das Sie in Ihrem Team sehen möchten.

Okay, lasst uns über Kommunikation sprechen. Effektive Kommunikation ist absolut entscheidend für den Aufbau einer starken Teamdynamik. Ihre Teammitglieder müssen Informationen, Ideen und Feedback frei und offen austauschen können. Das bedeutet, dass Sie Kommunikationskanäle schaffen müssen, die klar, transparent und für jeden zugänglich sind. Ob durch regelmäßige Teambesprechungen, E-Mail-Updates oder eine spezielle Messaging-Plattform – der Schlüssel liegt darin, sicherzustellen, dass alle auf dem gleichen Stand sind und über die Informationen verfügen, die sie benötigen, um ihre Arbeit effektiv zu erledigen.

Aber bei der Kommunikation geht es nicht nur ums Reden, sondern auch ums Zuhören. Als Manager ist es wichtig, Ihren Teammitgliedern Raum zu geben, ihre Gedanken, Sorgen und Ideen zu teilen. Das bedeutet, aktiv nach ihren Beiträgen zu suchen, Feedback einzuholen und sicherzustellen, dass jeder die Chance hat, gehört zu werden. Denken Sie daran, dass Kommunikation keine Einbahnstraße ist. Hören Sie also genauso viel zu, wie Sie sprechen.

Als nächstes sprechen wir über Verantwortlichkeit. Um eine starke Teamdynamik aufzubauen, müssen alle für ihre Handlungen und ihren Beitrag zum Team zur Verantwortung gezogen werden. Das bedeutet, klare Erwartungen zu setzen, Rollen und Verantwortlichkeiten zu definieren und regelmäßige Check-Ins durchzuführen, um den Fortschritt zu bewerten und Feedback zu geben. Bei der Verantwortlichkeit geht es jedoch nicht darum, mit dem Finger auf andere zu zeigen oder Schuld zuzuweisen – es geht darum, eine Kultur der Eigenverantwortung und Verantwortung zu fördern, in der jeder stolz auf seine Arbeit ist und sich selbst und die anderen an hohe Standards hält.

Natürlich erfordert der Aufbau einer starken Teamdynamik auch eine gesunde Portion Empathie und emotionale Intelligenz. Ihre Teammitglieder sind Menschen mit ihren eigenen Hoffnungen, Ängsten und Bestrebungen. Als Manager ist es wichtig, ihre individuellen Unterschiede zu erkennen und zu respektieren und auf ihre Bedürfnisse und Gefühle einzugehen. Das bedeutet, einfühlsam und verständnisvoll zu sein, Unterstützung und Ermutigung anzubieten und bei Bedarf ein offenes Ohr zu haben. Denken Sie daran, ein wenig Freundlichkeit und Mitgefühl können viel dazu beitragen, Vertrauen und ein gutes Verhältnis zu Ihrem Team aufzubauen.

Okay, fassen wir zusammen. Eine starke Teamdynamik aufzubauen ist keine leichte Aufgabe, aber mit der richtigen Herangehensweise und ein wenig Durchhaltevermögen können Sie ein Team bilden, das fähig, geschlossen und bereit ist, es mit der Welt aufzunehmen. Indem Sie eine Kultur der Zusammenarbeit und des Vertrauens fördern, in Beziehungen investieren, offene und transparente Kommunikation fördern, jeden zur Verantwortung ziehen und mit Empathie und emotionaler Intelligenz führen, können Sie ein Team bilden, das mehr ist als die Summe seiner Teile. Also krempeln Sie die Ärmel hoch, gehen Sie raus und beginnen Sie, diese Dynamik aufzubauen. Die Zukunft ist rosig!

Vielfalt und Inklusion: Unterschiede akzeptieren, Innovation fördern und eine bessere Zukunft aufbauen

Okay, sprechen wir über eines der wichtigsten Themen am heutigen Arbeitsplatz – Vielfalt und Inklusion. In einer Welt, die immer vernetzter und vielfältiger wird, ist es nicht nur richtig, Unterschiede zu akzeptieren, sondern auch ein kluger Geschäftszug. Nehmen Sie also Platz und machen Sie es sich bequem, denn wir werden gleich tiefer in die Bedeutung von Vielfalt und Inklusion am Arbeitsplatz eintauchen.

Zunächst einmal müssen wir unsere Begriffe definieren. Wenn wir über Diversität sprechen, geht es um mehr als nur Rasse und Geschlecht. Diversität umfasst eine breite Palette von Unterschieden, darunter Alter, ethnische Zugehörigkeit, Religion, sexuelle Orientierung, Behinderung, sozioökonomischer Status und mehr. Anders gesagt geht es bei Diversität darum, die einzigartigen Eigenschaften und Perspektiven, die jeder Einzelne mitbringt, anzuerkennen und zu feiern.

Aber Vielfalt ist nur ein Teil der Gleichung. Inklusion ist ebenso wichtig. Bei Inklusion geht es darum, ein Umfeld zu schaffen, in dem sich jeder willkommen, wertgeschätzt und respektiert fühlt, unabhängig von seinem Hintergrund oder seiner Identität. Es geht darum, ein Gefühl der Zugehörigkeit zu fördern, in dem sich jeder ermutigt fühlt, er selbst zu sein und sein volles Potenzial auszuschöpfen. Mit anderen Worten: Vielfalt heißt, zur Party eingeladen zu werden, Inklusion heißt, zum Tanz aufgefordert zu werden.

Warum sind Vielfalt und Inklusion am Arbeitsplatz so wichtig? Nun, zum einen sind vielfältige Teams innovativer und kreativer. Wenn Sie Menschen mit unterschiedlichen Hintergründen, Erfahrungen und Perspektiven zusammenbringen, ist es wahrscheinlicher, dass Sie neue

Ideen und Lösungen für komplexe Probleme entwickeln. Vielfalt weckt Kreativität, fördert Innovationen und fördert den Geschäftserfolg.

Aber bei Vielfalt und Inklusion geht es um mehr als nur um Gewinn. Es geht auch um soziale Verantwortung und ethische Führung. In der heutigen zunehmend vielfältigen und vernetzten Welt reicht es nicht mehr aus, Vielfalt und Inklusion nur Lippenbekenntnisse zu geben – es ist wichtig, sie aktiv zu fördern und zu unterstützen. Das bedeutet, Richtlinien und Praktiken zu entwickeln, die Vielfalt und Inklusion fördern, eine Kultur der Offenheit und des Respekts zu pflegen und uns selbst und andere dafür verantwortlich zu machen, ein Umfeld zu schaffen, in dem jeder erfolgreich sein kann.

Okay, sprechen wir über die Vorteile von Vielfalt und Inklusion am Arbeitsplatz. Untersuchungen zeigen, dass Unternehmen mit vielfältigen und integrativen Arbeitsplätzen erfolgreicher, profitabler und wettbewerbsfähiger auf dem Markt sind. Sie ziehen Top-Talente an, halten Mitarbeiter länger und erzielen ein höheres Maß an Engagement und Zufriedenheit der Mitarbeiter. Mit anderen Worten: Vielfalt und Inklusion sind nicht nur gut fürs Geschäft, sondern auch für die Menschen.

Doch die Schaffung eines vielfältigen und integrativen Arbeitsplatzes ist nicht immer einfach. Es erfordert Engagement, Anstrengung und die Bereitschaft, sich mit unseren eigenen Vorurteilen und Annahmen auseinanderzusetzen. Es bedeutet, den Status quo in Frage zu stellen, Diskriminierung und Ungleichheit zu bekämpfen und sich für Veränderungen einzusetzen. Es bedeutet, Richtlinien und Praktiken zu schaffen, die Vielfalt und Integration fördern, von der Rekrutierung und Einstellung bis hin zu Beförderung und Führungsentwicklung. Und es bedeutet, eine Kultur der Offenheit, des Respekts und der Empathie zu fördern, in der sich jeder wertgeschätzt und respektiert fühlt.

Okay, lassen Sie uns über praktische Schritte sprechen, die Sie unternehmen können, um Vielfalt und Inklusion an Ihrem Arbeitsplatz zu fördern. Einer der ersten Schritte besteht darin, sich selbst und Ihr Team über die Bedeutung von Vielfalt und Inklusion aufzuklären. Dies kann die Durchführung von Workshops, Schulungen oder Diskussionen über unbewusste Vorurteile, Privilegien und Diskriminierung beinhalten. Es ist wichtig, ein gemeinsames Verständnis dafür zu schaffen, warum Vielfalt und Inklusion wichtig sind und wie sie allen zugute kommen.

Als Nächstes sprechen wir über Rekrutierung und Einstellung. Der Aufbau eines vielfältigen Teams beginnt mit der Gewinnung eines vielfältigen Bewerberpools. Das bedeutet, ein breites Netz auszuwerfen, unterrepräsentierte Gruppen anzusprechen und Eintrittsbarrieren zu beseitigen. Es bedeutet auch, Praktiken umzusetzen, die Vielfalt und Inklusion fördern, wie z. B. eine anonyme Überprüfung von Lebensläufen, vielfältige Interviewgruppen und eine inklusive Sprache in Stellenausschreibungen. Und wenn Sie ein vielfältiges Team eingestellt haben, ist es wichtig, einen inklusiven Onboarding-Prozess zu schaffen, bei dem sich jeder vom ersten Tag an willkommen und wertgeschätzt fühlt.

Aber Vielfalt und Inklusion hören nicht bei der Rekrutierung und Einstellung auf – es sind fortlaufende Bemühungen, die kontinuierliche Aufmerksamkeit und Investitionen erfordern. Das bedeutet, Möglichkeiten zur beruflichen Weiterentwicklung und zum Aufstieg für alle Mitarbeiter zu schaffen, unabhängig von ihrem Hintergrund oder ihrer Identität. Es bedeutet, Vielfalt in Führungs- und Entscheidungspositionen zu fördern und sicherzustellen, dass jeder einen Platz am Tisch hat. Und es bedeutet, eine Kultur der Offenheit, des Respekts und der Empathie zu fördern, in der sich jeder ermutigt fühlt, seine Meinung zu äußern, seine Ideen zu teilen und den Status quo in Frage zu stellen.

Okay, sprechen wir über die Rolle der Führung bei der Förderung von Vielfalt und Inklusion. Führungskräfte haben die einzigartige Gelegenheit – und Verantwortung –, den Ton für ihre Organisationen anzugeben und mit gutem Beispiel voranzugehen. Das bedeutet, Vielfalt und Inklusion aktiv zu fördern, sowohl durch Worte als auch durch Taten. Es bedeutet, Vielfalt bei Einstellungs- und Beförderungsentscheidungen zu fördern, sich für Richtlinien und Praktiken einzusetzen, die Gleichheit und Fairness fördern, und eine Kultur der Rechenschaftspflicht zu schaffen, in der alle an den gleichen Standards gemessen werden. Und es bedeutet, bereit zu sein, auf Feedback zu hören, aus Fehlern zu lernen und kontinuierlich danach zu streben, besser zu werden.

Doch die Förderung von Vielfalt und Inklusion ist nicht nur die Verantwortung von Führungskräften, sondern die Verantwortung aller. Jeder von uns kann dazu beitragen, einen Arbeitsplatz zu schaffen, an dem sich jeder willkommen, wertgeschätzt und respektiert fühlt. Ob wir uns gegen Diskriminierung aussprechen, uns für Veränderungen einsetzen oder einfach ein Verbündeter derjenigen sind, die unterrepräsentiert sind – wir alle haben die Macht, etwas zu bewirken.

Okay, fassen wir das zusammen. Vielfalt und Inklusion sind nicht nur Schlagworte – sie sind wesentliche Bestandteile für den Aufbau einer besseren, strahlenderen Zukunft. Indem wir Unterschiede akzeptieren, Innovationen fördern und eine Kultur der Zugehörigkeit schaffen, können wir Arbeitsplätze schaffen, die nicht nur erfolgreicher und profitabler, sondern auch erfüllender und lohnender für alle sind. Also krempeln wir die Ärmel hoch, machen uns an die Arbeit und bauen eine Welt auf, in der jeder die Möglichkeit hat, sich zu entfalten. Wir können die Zukunft gestalten.

Schulung und Entwicklung: Investition in das Wachstum und den Erfolg Ihres Teams

Okay, tauchen wir in einen der wichtigsten Aspekte der Arbeit als Manager ein – Schulung und Entwicklung. In der heutigen schnelllebigen Welt ist die einzige Konstante der Wandel, und es ist wichtig, in das Wachstum und die Entwicklung Ihres Teams zu investieren, um immer einen Schritt voraus zu sein. Also schnappen Sie sich Stift und Papier, denn wir werden gleich die Einzelheiten von Schulung und Entwicklung am Arbeitsplatz erkunden.

Lassen Sie uns zunächst darüber sprechen, warum Schulung und Entwicklung so wichtig sind. Kurz gesagt: Investitionen in das Wachstum und die Entwicklung Ihres Teams sind nicht nur gut für sie, sondern auch für Ihr Unternehmen. Mitarbeiter, die regelmäßig Schulungen und Entwicklungsmöglichkeiten erhalten, sind engagierter, produktiver und bleiben mit größerer Wahrscheinlichkeit langfristig im Unternehmen. Sie sind auch besser gerüstet, um sich an neue Herausforderungen anzupassen, Chancen zu nutzen und Innovationen voranzutreiben. Mit anderen Worten: Schulung und Entwicklung sind nicht nur ein Kostenfaktor, sondern eine Investition in den zukünftigen Erfolg Ihres Teams und Ihres Unternehmens.

Gut, nachdem wir nun geklärt haben, warum Schulung und Entwicklung wichtig sind, sprechen wir darüber, wie man es richtig macht. Bei effektiven Schulungs- und Entwicklungsprogrammen geht es um mehr als nur darum, Kästchen anzukreuzen oder eine Liste von Kompetenzen abzuhaken. Es geht darum, sinnvolle Lernerfahrungen zu schaffen, die Ihre Teammitglieder befähigen, zu wachsen und erfolgreich zu sein. Das bedeutet, dass Sie Ihre Schulungs- und Entwicklungprogramme auf die spezifischen Bedürfnisse und Ziele

Ihrer Teammitglieder zuschneiden und Möglichkeiten für praktisches Lernen, Feedback und Unterstützung bieten.

Einer der ersten Schritte bei der Erstellung eines effektiven Schulungs- und Entwicklungsprogramms besteht darin, die Bedürfnisse Ihres Teams zu ermitteln und Verbesserungsbereiche zu identifizieren. Dies kann die Durchführung von Umfragen, Interviews oder Leistungsbeurteilungen umfassen, um Feedback von Ihren Teammitgliedern zu ihren Fähigkeiten, Kenntnissen und Karrierezielen zu erhalten. Sobald Sie Verbesserungsbereiche identifiziert haben, ist es an der Zeit, einen Plan zu entwickeln, um diese anzugehen.

Bei Schulungen und Weiterbildung geht es jedoch nicht nur darum, Schwächen zu beheben, sondern auch auf Stärken aufzubauen. Nehmen Sie sich die Zeit, die besonderen Talente und Interessen Ihrer Teammitglieder zu erkennen, und bieten Sie ihnen die Möglichkeit, sich in den Bereichen zu entwickeln und zu wachsen, in denen sie herausragende Leistungen erbringen. Ob durch formelle Schulungen, Mentoring-Programme oder Lernmöglichkeiten am Arbeitsplatz – der Schlüssel liegt darin, eine Kultur des kontinuierlichen Lernens und der Verbesserung zu schaffen.

Als Nächstes sprechen wir über die verschiedenen Arten von Schulungs- und Entwicklungsprogrammen, die Sie anbieten können. Es gibt unzählige Optionen, von traditionellen Schulungen im Klassenzimmer bis hin zu Online-Kursen, Workshops, Seminaren und mehr. Der Schlüssel liegt darin, das richtige Format und die richtige Bereitstellungsmethode für die Bedürfnisse und Vorlieben Ihres Teams zu wählen. Einige Teammitglieder bevorzugen möglicherweise Online-Kurse im eigenen Tempo, während andere in einer strukturierteren Unterrichtsumgebung besser aufgehoben sind. Bieten Sie unbedingt eine Vielzahl von Optionen an, um verschiedenen Lernstilen und -präferenzen gerecht zu werden.

Bei Schulung und Entwicklung geht es jedoch nicht nur um formelle Programme – es geht auch darum, in Ihrem Team eine Kultur des Lernens und Wachstums zu schaffen. Ermutigen Sie Ihre Teammitglieder, Verantwortung für ihre eigene Entwicklung zu übernehmen, und geben Sie ihnen die Möglichkeit, ihren Interessen und Leidenschaften auch außerhalb der Arbeit nachzugehen. Ob es sich nun um die Teilnahme an Branchenkonferenzen, den Beitritt zu Berufsverbänden oder die Teilnahme an Gemeinschaftsveranstaltungen handelt, der Schlüssel liegt darin, eine Geisteshaltung der Neugier und des lebenslangen Lernens zu fördern.

Natürlich sind Schulung und Entwicklung keine einmalige Angelegenheit, sondern ein fortlaufender Prozess, der kontinuierliche Aufmerksamkeit und Investitionen erfordert. Das bedeutet, dass Sie Ihre Schulungs- und Entwicklungsprogramme regelmäßig überprüfen und aktualisieren müssen, um sicherzustellen, dass sie relevant und effektiv bleiben. Es bedeutet auch, dass Sie Möglichkeiten für Feedback und Bewertungen bieten müssen, damit Sie den Fortschritt Ihres Teams verfolgen und bei Bedarf Anpassungen vornehmen können.

Okay, sprechen wir über die Rolle der Führung bei Schulung und Entwicklung. Als Manager haben Sie die einzigartige Gelegenheit – und Verantwortung –, das Wachstum und die Entwicklung Ihrer Teammitglieder zu unterstützen und zu fördern. Das bedeutet, mit gutem Beispiel voranzugehen, Schulung und Entwicklung innerhalb Ihres Teams Priorität einzuräumen und die Ressourcen und Unterstützung bereitzustellen, die sie für ihren Erfolg benötigen. Es bedeutet auch, ein Mentor und Coach zu sein und ihnen auf ihrem Weg Anleitung, Feedback und Ermutigung zu geben.

Doch Schulung und Entwicklung sind nicht nur die Verantwortung der Führungskräfte, sondern die Verantwortung aller. Jeder von uns hat eine Rolle dabei zu spielen, in unseren Teams eine Kultur des Lernens und Wachstums zu schaffen. Ob es darum geht, Wissen und Fachwissen zu teilen, Unterstützung und Ermutigung anzubieten oder einfach als Resonanzboden für neue Ideen zu dienen – wir alle haben die Macht, etwas zu bewirken.

Okay, fassen wir zusammen. Schulung und Entwicklung sind wesentliche Bestandteile für den Aufbau eines starken, erfolgreichen Teams. Indem Sie in das Wachstum und die Entwicklung Ihres Teams investieren, können Sie es befähigen, sein volles Potenzial auszuschöpfen, Innovationen voranzutreiben und größeren Erfolg zu erzielen. Also krempeln wir die Ärmel hoch, machen uns an die Arbeit und schaffen eine Kultur des Lernens und Wachstums, die jedem zum Erfolg verhilft. Wir können die Zukunft gestalten.

Leistungsmanagement: Potenzial maximieren, Ergebnisse erzielen und Wachstum fördern

Okay, tauchen wir in einen der wichtigsten Aspekte der Arbeit als Manager ein – das Leistungsmanagement. In einer schnelllebigen und wettbewerbsorientierten Welt ist es wichtig, Systeme und Prozesse zu haben, um die Leistung Ihrer Teammitglieder zu bewerten und zu verbessern. Also schnappen Sie sich Ihren Notizblock und Stift, denn wir werden gleich die Besonderheiten des Leistungsmanagements am Arbeitsplatz erkunden.

Zunächst einmal müssen wir unsere Begriffe definieren. Wenn wir über Leistungsmanagement sprechen, geht es um mehr als nur jährliche Überprüfungen oder Bewertungen. Leistungsmanagement ist ein ganzheitlicher Prozess, der alles umfasst, von der Festlegung von Zielen und Erwartungen über die Bereitstellung von Feedback, Coaching und Unterstützung bis hin zur Anerkennung und Belohnung von Leistungen. Mit anderen Worten: Es geht darum, Ihren Teammitgliedern zu helfen, ihr Potenzial zu maximieren, Ergebnisse zu erzielen und Wachstum und Entwicklung zu fördern.

Gut, nachdem wir nun geklärt haben, was Leistungsmanagement ist, wollen wir darüber sprechen, warum es wichtig ist. Effektives Leistungsmanagement ist aus mehreren Gründen unerlässlich. Zum einen hilft es sicherzustellen, dass Ihre Teammitglieder mit den Zielen und Vorgaben der Organisation übereinstimmen. Indem Sie klare Erwartungen und Ziele festlegen, können Sie Ihren Teammitgliedern helfen zu verstehen, was von ihnen erwartet wird und wie ihre Arbeit zum Gesamterfolg des Teams und des Unternehmens beiträgt.

Beim Performance Management geht es jedoch nicht nur darum, Ihre Teammitglieder zur Verantwortung zu ziehen, sondern auch darum, sie zum Erfolg zu befähigen. Durch regelmäßiges Feedback,

Coaching und Unterstützung können Sie Ihren Teammitgliedern helfen, Verbesserungsbereiche zu erkennen, ihre Stärken zu nutzen und ihre Ziele zu erreichen. Mit anderen Worten: Beim Performance Management geht es darum, Ihre Teammitglieder auf Erfolg vorzubereiten und ihnen die Tools und Unterstützung zu geben, die sie brauchen, um erfolgreich zu sein.

Einer der ersten Schritte zu einem effektiven Leistungsmanagement ist die Festlegung klarer, messbarer Ziele und Erwartungen. Dies bietet Ihren Teammitgliedern einen Fahrplan und gibt ihnen eine klare Orientierung. Beziehen Sie Ihre Teammitglieder unbedingt in den Zielsetzungsprozess ein und stellen Sie sicher, dass die Ziele SMART sind – spezifisch, messbar, erreichbar, relevant und zeitgebunden. Dadurch stellen Sie sicher, dass Ihre Teammitglieder motiviert und engagiert sind und ein klares Verständnis davon haben, was von ihnen erwartet wird.

Doch das Setzen von Zielen ist nur der Anfang. Effektives Leistungsmanagement erfordert auch regelmäßiges Feedback und Coaching. Geben Sie Ihren Teammitgliedern rechtzeitig spezifisches Feedback zu ihrer Leistung, sowohl positiv als auch konstruktiv. So verstehen sie, was sie gut machen und wo sie sich verbessern können, und es zeigt ihnen, dass Sie an ihrem Erfolg interessiert sind. Planen Sie regelmäßige Check-Ins mit Ihren Teammitgliedern ein, um ihre Fortschritte zu besprechen, etwaige Bedenken oder Herausforderungen anzusprechen und ihnen bei Bedarf Anleitung und Unterstützung zu geben.

Natürlich geht es beim Leistungsmanagement nicht nur darum, zurück zu blicken, sondern auch nach vorn. Sorgen Sie dafür, dass Ihre Teammitglieder Möglichkeiten für Wachstum und Entwicklung haben, sei es durch zusätzliche Schulungen und Weiterbildungen, anspruchsvolle Aufgaben oder Aufstiegschancen. Indem Sie in das Wachstum und die Entwicklung Ihrer Teammitglieder investieren, helfen Sie ihnen nicht nur, ihr volles Potenzial auszuschöpfen, sondern stärken auch Ihr Team und Ihre Organisation als Ganzes.

Okay, sprechen wir über die Rolle von Anerkennung und Belohnungen im Leistungsmanagement. Die Anerkennung und Belohnung der Leistungen Ihrer Teammitglieder ist für die Stärkung von Moral, Motivation und Engagement unerlässlich. Feiern Sie unbedingt die Erfolge Ihrer Teammitglieder, egal ob große oder kleine, und zeigen Sie ihnen, dass ihre harte Arbeit und ihr Engagement geschätzt werden. Ob es sich nun um ein einfaches Dankeschön, ein Lob in einer Teambesprechung oder eine greifbarere Belohnung wie einen Bonus oder eine Beförderung handelt, der Schlüssel liegt darin, sicherzustellen, dass Ihre Teammitglieder wissen, dass ihre Bemühungen nicht unbemerkt geblieben sind.

Aber Leistungsmanagement ist nicht nur die Verantwortung von Managern, sondern die Verantwortung aller. Jeder von uns hat eine Rolle dabei zu spielen, in unseren Teams eine Kultur der Verantwortlichkeit, des Feedbacks und des Wachstums zu schaffen. Ob es darum geht, klare Ziele und Erwartungen zu setzen, regelmäßiges Feedback und Unterstützung zu geben oder Erfolge anzuerkennen und zu belohnen – wir alle haben die Macht, etwas zu bewirken.

Okay, fassen wir das zusammen. Leistungsmanagement ist unerlässlich, um Potenziale zu maximieren, Ergebnisse zu erzielen und Wachstum und Entwicklung in Ihrem Team zu fördern. Indem Sie klare Ziele und Erwartungen festlegen, regelmäßig Feedback und Coaching geben und Erfolge anerkennen und belohnen, können Sie Ihren Teammitgliedern zum Erfolg und Erfolg verhelfen. Also krempeln wir die Ärmel hoch, machen uns an die Arbeit und schaffen eine Kultur der Verantwortlichkeit, des Feedbacks und des Wachstums, die es jedem ermöglicht, sein volles Potenzial auszuschöpfen. Die Zukunft sieht rosig aus!

Motivation und Engagement: Leidenschaft wecken, Einsatz fördern und Erfolg vorantreiben

Okay, tauchen wir in einen der wichtigsten Aspekte der Teamführung ein – Motivation und Engagement. In der heutigen schnelllebigen Welt, in der es viele Ablenkungen gibt und die Anforderungen hoch sind, ist es wichtig, die Motivation und das Engagement Ihrer Teammitglieder aufrechtzuerhalten, um erfolgreich zu sein. Krempeln wir also die Ärmel hoch und erkunden wir die Feinheiten der Motivation und Einbindung Ihres Teams.

Zunächst einmal müssen wir unsere Begriffe definieren. Wenn wir über Motivation sprechen, geht es um mehr als nur Anreize oder Belohnungen. Bei Motivation geht es darum, die intrinsischen Antriebe und Leidenschaften Ihrer Teammitglieder anzusprechen und sie zu inspirieren, ihr Bestes zu geben und noch einen Schritt weiterzugehen. Es geht darum, eine Umgebung zu schaffen, in der sich Ihre Teammitglieder bestärkt, wertgeschätzt und jeden Tag mit Freude zur Arbeit kommen.

Aber Motivation allein reicht nicht aus – Sie brauchen auch Engagement. Engagement bedeutet mehr, als nur aufzutauchen und die Routinearbeiten zu erledigen. Es geht darum, voll präsent, emotional engagiert und dem Erfolg Ihres Teams und der Organisation verpflichtet zu sein. Es geht darum, ein Gefühl von Zielstrebigkeit und Zugehörigkeit zu verspüren und in Ihrer Arbeit Sinn und Erfüllung zu finden.

Gut, nachdem wir nun unsere Begriffe definiert haben, sprechen wir darüber, warum Motivation und Engagement so wichtig sind. Motivierte und engagierte Mitarbeiter sind zum einen produktiver, innovativer und widerstandsfähiger gegenüber Herausforderungen. Außerdem bleiben sie eher langfristig im Unternehmen und tragen zu dessen Erfolg bei. Mit anderen Worten: Motivation und Engagement sind nicht nur nette Extras – sie sind wesentliche Zutaten für den Erfolg und das Erreichen Ihrer Ziele.

Wie also motivieren und engagieren Sie Ihr Team? Zunächst einmal müssen Sie verstehen, was Ihre Teammitglieder antreibt. Jeder wird durch unterschiedliche Dinge motiviert – manche werden durch ein Gefühl von Zielstrebigkeit und Sinnhaftigkeit angetrieben, andere durch Anerkennung, Belohnungen oder Wachstums- und Aufstiegschancen. Nehmen Sie sich die Zeit, Ihre Teammitglieder persönlich kennenzulernen und herauszufinden, was sie motiviert und wofür sie sich begeistern.

Sobald Sie herausgefunden haben, was Ihre Teammitglieder motiviert, ist es an der Zeit, diese intrinsischen Antriebe und Leidenschaften zu nutzen. Dies kann das Setzen anspruchsvoller Ziele beinhalten, die die Fähigkeiten Ihrer Teammitglieder erweitern und sie aus ihrer Komfortzone drängen. Es kann bedeuten, Möglichkeiten für Autonomie und Selbstbestimmung zu schaffen, sodass Ihre Teammitglieder Verantwortung für ihre Arbeit übernehmen und unabhängig Entscheidungen treffen können. Es kann bedeuten, Erfolge, egal ob große oder kleine, anzuerkennen und zu feiern und Ihren Teammitgliedern zu zeigen, dass ihre harte Arbeit und ihr Engagement nicht unbemerkt geblieben sind.

Aber Motivation und Engagement hängen nicht nur davon ab, was Sie tun, sondern auch davon, wie Sie es tun. Um Motivation und Engagement zu fördern, müssen Sie ein positives Arbeitsumfeld schaffen, in dem sich Ihre Teammitglieder wertgeschätzt, respektiert und unterstützt fühlen. Dazu kann es gehören, die Work-Life-Balance zu fördern, Möglichkeiten zur beruflichen Weiterentwicklung und zum beruflichen Wachstum zu bieten und eine Kultur der Offenheit, des Vertrauens und der Zusammenarbeit zu fördern. Es geht darum, ein Gefühl der Zugehörigkeit und Kameradschaft zu schaffen, in dem sich jeder als Teil von etwas Größerem fühlt.

Natürlich sind Motivation und Engagement keine einmalige Sache – sie sind ein fortlaufender Prozess, der kontinuierliche Aufmerksamkeit und Investitionen erfordert. Das bedeutet, dass Sie regelmäßig nachfragen, wie es Ihren Teammitgliedern geht, ihnen bei Bedarf Unterstützung und Ermutigung anbieten und bereit sind, sich ihre Sorgen und Ideen anzuhören. Es bedeutet auch, offen für Feedback zu sein und bei Bedarf Anpassungen vorzunehmen, um die Motivation und das Engagement Ihrer Teammitglieder aufrechtzuerhalten.

Okay, sprechen wir über die Rolle der Führung bei der Motivation und Einbindung Ihres Teams. Als Manager haben Sie die einzigartige Gelegenheit – und Verantwortung –, Ihre Teammitglieder zu inspirieren und zu befähigen, ihr Bestes zu geben. Das bedeutet, mit gutem Beispiel voranzugehen, Leidenschaft und Begeisterung für Ihre Arbeit zu zeigen und Ihren Teammitgliedern zu zeigen, dass Sie an sie und ihre Fähigkeiten glauben. Es bedeutet auch, Möglichkeiten für Wachstum und Entwicklung zu bieten, Unterstützung und Ermutigung zu bieten und ein positives Arbeitsumfeld zu schaffen, in dem sich Ihre Teammitglieder wertgeschätzt, respektiert und zum Erfolg befähigt fühlen.

Aber die Motivation und Einbindung Ihres Teams ist nicht nur die Verantwortung der Führungskräfte, sondern die Verantwortung aller. Jeder von uns hat eine Rolle dabei zu spielen, eine Kultur der Motivation und des Engagements in unseren Teams zu schaffen. Ob es darum geht, Erfolge anzuerkennen und zu feiern, Unterstützung und Ermutigung anzubieten oder einfach eine positive und unterstützende Präsenz zu zeigen – wir alle haben die Macht, etwas zu bewirken.

Okay, fassen wir das zusammen. Motivation und Engagement sind wesentliche Bestandteile für den Erfolg und das Erreichen Ihrer Ziele. Indem Sie die intrinsischen Antriebe und Leidenschaften Ihrer Teammitglieder nutzen, ein positives Arbeitsumfeld schaffen, in dem sie sich wertgeschätzt und unterstützt fühlen, und ihnen

Möglichkeiten für Wachstum und Entwicklung bieten, können Sie Ihren Teammitgliedern helfen, ihr volles Potenzial auszuschöpfen und Großes zu erreichen. Also krempeln wir die Ärmel hoch, machen uns an die Arbeit und schaffen eine Kultur der Motivation und des Engagements, die jedem zum Erfolg verhilft. Die Zukunft sieht rosig aus!

Führungsstile: Den Weg zum Erfolg finden

Okay, lassen Sie uns einen der faszinierendsten Aspekte der Führung untersuchen – die Führungsstile. So wie es viele Wege zum Erfolg gibt, gibt es auch viele Führungsstile, jeder mit seinen eigenen Stärken, Schwächen und einzigartigen Ansätzen. Nehmen wir also unseren Kompass zur Hand und erkunden wir die verschiedenen Führungsstile, die uns auf dem Weg zum Erfolg helfen können.

Zunächst einmal müssen wir unsere Begriffe definieren. Wenn wir über Führungsstile sprechen, sprechen wir über die Art und Weise, wie ein Leiter seine Rolle angeht und mit seinen Teammitgliedern interagiert. Es gibt unzählige Führungsstile, aber sie können im Allgemeinen in einige breite Kategorien eingeteilt werden, die auf Faktoren wie Kommunikation, Entscheidungsfindung und Beziehungsaufbau basieren.

Einer der häufigsten Führungsstile ist der autokratische Führungsstil. Autokratische Führungskräfte neigen dazu, Entscheidungen unabhängig zu treffen, ohne den Input ihrer Teammitglieder einzuholen. Sie haben in der Regel eine klare Vision und Richtung für das Team und erwarten von ihren Teammitgliedern, dass sie ihrem Beispiel folgen. Während autokratische Führung in bestimmten Situationen effektiv sein kann, beispielsweise in Krisenzeiten oder wenn schnelle Entscheidungen getroffen werden müssen, kann sie auch demotivierend und entmächtigend für Teammitglieder sein, die sich vom Entscheidungsprozess ausgeschlossen fühlen.

Am anderen Ende des Spektrums steht die demokratische Führung. Demokratische Führungskräfte legen Wert auf Input und Beteiligung ihrer Teammitglieder und versuchen, sie in den Entscheidungsprozess einzubeziehen. Sie fördern offene

Kommunikation, Zusammenarbeit und Konsensbildung und befähigen ihre Teammitglieder, Verantwortung für ihre Arbeit zu übernehmen. Demokratische Führung kann zwar zu mehr Zustimmung und Engagement der Teammitglieder führen, kann aber auch zeitaufwändig und weniger effizient sein, wenn schnelle Entscheidungen getroffen werden müssen.

Irgendwo zwischen autokratischer und demokratischer Führung liegt die Laissez-faire-Führung. Laissez-faire-Führungskräfte verfolgen einen Laissez-faire-Führungsansatz und geben ihren Teammitgliedern ein hohes Maß an Autonomie und Freiheit, selbstständig Entscheidungen zu treffen. Sie bieten bei Bedarf Anleitung und Unterstützung, vertrauen ihren Teammitgliedern jedoch im Allgemeinen, dass sie ihre eigene Arbeit erledigen und Probleme selbst lösen. Während Laissez-faire-Führung für selbstmotivierte und unabhängige Teammitglieder ermutigend sein kann, kann sie auch zu Verwirrung und Orientierungslosigkeit führen, wenn klare Anleitung und Unterstützung durch den Leiter fehlen.

Ein weiterer gängiger Führungsstil ist die Transformationale Führung. Transformationale Führungskräfte inspirieren und motivieren ihre Teammitglieder zu Höchstleistungen, indem sie sie dazu anregen, über den Tellerrand zu blicken und ihr volles Potenzial auszuschöpfen. Sie gehen mit gutem Beispiel voran, zeigen Leidenschaft, Enthusiasmus und ein klares Zielbewusstsein und ermutigen ihre Teammitglieder, dasselbe zu tun. Transformationale Führung kann zwar sehr effektiv sein, um Innovationen voranzutreiben und ehrgeizige Ziele zu erreichen, sie kann aber auch anspruchsvoll und intensiv sein und sowohl von der Führungskraft als auch von ihren Teammitgliedern ein hohes Maß an Energie und Engagement erfordern.

Und schließlich gibt es noch die dienende Führung. Dienende Führungskräfte stellen die Bedürfnisse ihrer Teammitglieder über ihre eigenen und konzentrieren sich darauf, ihnen zu dienen und sie zu unterstützen, anstatt ihre Autorität geltend zu machen oder nach persönlichem Ruhm zu streben. Sie führen mit Empathie, Bescheidenheit und Mitgefühl und versuchen, in ihren Teams eine Kultur des Vertrauens, Respekts und der Zusammenarbeit zu schaffen. Während dienende Führung sehr effektiv sein kann, um starke, zusammenhängende Teams aufzubauen und eine Kultur der Verantwortlichkeit und gegenseitigen Unterstützung zu fördern, kann sie auch eine Herausforderung für Führungskräfte sein, die Schwierigkeiten haben, die Bedürfnisse ihrer Teammitglieder mit den Anforderungen der Organisation in Einklang zu bringen.

Okay, sprechen wir über die Rolle der Anpassungsfähigkeit in der Führung. Obwohl jeder dieser Führungsstile seine eigenen Stärken und Schwächen hat, sind die effektivsten Führungskräfte diejenigen, die ihren Stil an die Anforderungen der Situation und der Personen, die sie führen, anpassen können. Dies kann bedeuten, in Krisenzeiten direktiver und entschlossener zu sein, kooperativer und integrativer, wenn sie Input und Zustimmung von Teammitgliedern einholen, oder unterstützender und einfühlsamer, wenn sie ihre Teammitglieder coachen und weiterentwickeln. Der Schlüssel liegt darin, flexibel und aufgeschlossen zu sein und bereit zu sein, Ihren Ansatz nach Bedarf anzupassen, um die bestmöglichen Ergebnisse zu erzielen.

Natürlich geht es bei Führung nicht nur um Stil, sondern auch um Substanz. Unabhängig davon, zu welchem Führungsstil Sie tendieren, sind die effektivsten Führungskräfte diejenigen, die mit Integrität, Authentizität und einem echten Wunsch führen, ihren Teammitgliedern zu dienen und sie zu unterstützen. Sie sind in der Lage, andere zu inspirieren und zu motivieren, Vertrauen und Harmonie aufzubauen und ein gemeinsames Ziel und eine gemeinsame Vision zu schaffen, die ihr Team zum Erfolg führen.

Okay, fassen wir zusammen. Führungsstile sind so vielfältig und unterschiedlich wie die Menschen, die sie praktizieren. Wenn Sie die Stärken und Schwächen verschiedener Führungsstile verstehen und bereit sind, Ihren Ansatz an die Anforderungen der Situation und der Menschen, die Sie führen, anzupassen, können Sie ein effektiverer und wirkungsvollerer Anführer werden. Lassen Sie uns also die Vielfalt der Führungsstile annehmen, unsere Fähigkeiten verfeinern und auf unserem Weg zum Erfolg weiter wachsen und uns weiterentwickeln. Wir können die Zukunft gestalten.

Emotionale Intelligenz: Der Schlüssel zu effektiver Führung und persönlichem Wachstum

Okay, lassen Sie uns einen der wichtigsten und doch oft übersehenen Aspekte von Führung näher betrachten – emotionale Intelligenz. In einer Welt, in der technische Fähigkeiten und Fachwissen hoch geschätzt werden, vergisst man leicht, wie wichtig emotionale Intelligenz für den persönlichen und beruflichen Erfolg ist. Krempeln wir also die Ärmel hoch und erkunden wir die tiefgreifenden Auswirkungen, die emotionale Intelligenz auf Führung und persönliches Wachstum haben kann.

Zunächst einmal müssen wir unsere Begriffe definieren. Emotionale Intelligenz, oft als EQ abgekürzt, bezieht sich auf die Fähigkeit, unsere eigenen Emotionen sowie die Emotionen anderer zu erkennen, zu verstehen und zu steuern. Sie umfasst eine Reihe von Fähigkeiten, darunter Selbstwahrnehmung, Selbstregulierung, Empathie und soziale Kompetenzen, die alle eine entscheidende Rolle für effektive Führung und zwischenmenschliche Beziehungen spielen.

Warum ist emotionale Intelligenz also so wichtig? Nun, zum einen ist sie unerlässlich, um starke, vertrauensvolle Beziehungen zu anderen aufzubauen. Führungskräfte, die über ein hohes Maß an emotionaler Intelligenz verfügen, können besser mit ihren Teammitgliedern in Kontakt treten, ihre Bedürfnisse und Sorgen verstehen und eine gute Beziehung und Vertrauen aufbauen. Dies wiederum führt zu mehr Engagement, Zusammenarbeit und Einsatz ihrer Teammitglieder, was letztlich zu besseren Leistungen und Ergebnissen führt.

Bei emotionaler Intelligenz geht es jedoch nicht nur um den Aufbau von Beziehungen, sondern auch um Selbsterkenntnis und Selbstregulierung. Führungskräfte mit einem hohen Maß an emotionaler Intelligenz sind besser in der Lage, ihre eigenen

Emotionen, Stärken und Schwächen zu verstehen und effektiv zu managen. Sie können in Stresssituationen ruhig und gelassen bleiben, rationale Entscheidungen treffen, die auf Logik statt auf Emotionen basieren, und sich schnell von Rückschlägen und Misserfolgen erholen.

Eine der wichtigsten Komponenten emotionaler Intelligenz ist Empathie – die Fähigkeit, die Gefühle anderer zu verstehen und zu teilen. Führungskräfte, die ein hohes Maß an Empathie besitzen, können sich besser in die Lage ihrer Teammitglieder versetzen, ihre Ansichten und Bedenken verstehen und mit Mitgefühl und Verständnis reagieren. Dies schafft ein unterstützendes und integratives Arbeitsumfeld, in dem sich jeder wertgeschätzt, respektiert und gehört fühlt.

Ein weiterer wichtiger Aspekt der emotionalen Intelligenz sind soziale Fähigkeiten – die Fähigkeit, soziale Situationen zu meistern und positive Beziehungen zu anderen aufzubauen. Führungskräfte mit einem hohen Maß an sozialen Fähigkeiten sind effektive Kommunikatoren, die sich klar und selbstbewusst ausdrücken und anderen aufmerksam zuhören können. Sie sind geschickt darin, Konflikte zu lösen und schwierige Gespräche zu führen, und sie wissen, wie sie ihre Teammitglieder motivieren und inspirieren können, um ihre Ziele zu erreichen.

Okay, sprechen wir über die Rolle der emotionalen Intelligenz in der Führung. Während technische Fähigkeiten und Fachwissen sicherlich wichtig für den Erfolg in Führungsrollen sind, ist emotionale Intelligenz ebenso wichtig – wenn nicht sogar noch wichtiger. Führungskräfte mit einem hohen Maß an emotionaler Intelligenz sind besser in der Lage, ihre Teammitglieder zu inspirieren und zu motivieren, starke, kohärente Teams aufzubauen und die Komplexität zwischenmenschlicher Beziehungen zu meistern. Sie sind in der Lage, sich an Veränderungen anzupassen, mit Widrigkeiten umzugehen und mit Empathie, Integrität und Authentizität zu führen.

Emotionale Intelligenz ist jedoch nicht nur für Führungskräfte wichtig – sie ist für jeden wichtig. Ob Sie nun Manager, Teammitglied oder Einzelperson sind, ein hohes Maß an emotionaler Intelligenz kann Ihnen in allen Bereichen Ihres Lebens zum Erfolg verhelfen. Sie kann Ihnen helfen, starke, unterstützende Beziehungen zu anderen aufzubauen, Herausforderungen und Rückschläge mit Anmut und Belastbarkeit zu meistern und Ihre Ziele mit Zuversicht und Entschlossenheit zu erreichen.

Okay, fassen wir zusammen. Emotionale Intelligenz ist ein mächtiges Werkzeug, um sowohl persönlich als auch beruflich erfolgreich zu sein. Indem wir unser Selbstbewusstsein, unsere Selbstregulierung, unser Einfühlungsvermögen und unsere sozialen Fähigkeiten entwickeln, können wir effektivere Führungskräfte werden, stärkere Beziehungen zu anderen aufbauen und in allen Bereichen unseres Lebens erfolgreicher sein. Nutzen wir also die Macht der emotionalen Intelligenz, verfeinern wir unsere Fähigkeiten und wachsen und entwickeln wir uns auf unserem Weg zum Erfolg weiter. Die Zukunft ist rosig!

Delegation: Andere befähigen, Effizienz maximieren und Erfolg erzielen

Okay, tauchen wir in eine der wichtigsten Fähigkeiten für effektive Führung ein – Delegation. In der heutigen schnelllebigen und komplexen Welt kann kein Leiter alles alleine machen. Delegation ist der Schlüssel, um Ihren Teammitgliedern mehr Macht zu verleihen, die Effizienz zu maximieren und Erfolg zu erzielen. Also krempeln wir die Ärmel hoch und erkunden die Vor- und Nachteile der Delegation, von der Frage, warum sie wichtig ist, bis hin zur Frage, wie man sie effektiv umsetzt.

Zunächst einmal müssen wir unsere Begriffe definieren. Delegation ist der Prozess, bei dem Aufgaben, Verantwortung und Autorität an andere übertragen werden. Es geht darum, Ihre Teammitglieder zu befähigen, Verantwortung für ihre Arbeit zu übernehmen, selbstständig Entscheidungen zu treffen und zum Erfolg des Teams und der Organisation beizutragen. Aber bei Delegation geht es nicht nur darum, Aufgaben abzugeben – es geht auch darum, Ihre Teammitglieder auf Erfolg vorzubereiten, ihnen bei Bedarf Unterstützung und Anleitung zu geben und letztendlich gemeinsam bessere Ergebnisse zu erzielen, als Sie es allein könnten.

Warum ist Delegation also so wichtig? Nun, zunächst einmal ist sie unerlässlich, um Effizienz und Produktivität zu maximieren. Als Führungskraft sind Ihre Zeit und Energie begrenzte Ressourcen und Sie können einfach nicht alles selbst erledigen. Durch Delegation können Sie sich auf Aufgaben mit hoher Priorität und strategische Initiativen konzentrieren und gleichzeitig Ihren Teammitgliedern die Möglichkeit geben, die täglichen Aufgaben und Details zu übernehmen. Dadurch sparen Sie nicht nur Zeit und Energie, sondern Ihre Teammitglieder können auch neue Fähigkeiten entwickeln, wertvolle Erfahrungen sammeln und sich beruflich weiterentwickeln.

Aber beim Delegieren geht es um mehr als nur Effizienz – es geht auch darum, Vertrauen aufzubauen und Ihre Teammitglieder zu befähigen. Wenn Sie Aufgaben und Verantwortung an Ihre Teammitglieder delegieren, senden Sie ihnen eine starke Botschaft, dass Sie ihnen vertrauen und an ihre Fähigkeiten glauben. Dies wiederum stärkt ihr Selbstvertrauen und ihre Moral, fördert ein Gefühl von Eigenverantwortung und Verantwortung und führt letztendlich zu mehr Engagement, Einsatz und Loyalität Ihrer Teammitglieder.

Gut, nachdem wir nun geklärt haben, warum Delegation wichtig ist, sprechen wir darüber, wie man sie effektiv umsetzt. Effektive Delegation beginnt damit, die Stärken, Schwächen und Fähigkeiten Ihrer Teammitglieder zu verstehen. Nehmen Sie sich die Zeit, ihre Fähigkeiten, Kenntnisse und Erfahrungen einzuschätzen und Aufgaben und Verantwortlichkeiten zu identifizieren, die ihren Fähigkeiten und Interessen entsprechen. Geben Sie klare Anweisungen und Erwartungen und kommunizieren Sie offen und transparent über Fristen, Prioritäten und Ziele.

Bei einer effektiven Delegation geht es jedoch um mehr als nur das Übergeben von Aufgaben – es geht auch darum, während des gesamten Vorgangs Unterstützung und Anleitung zu bieten. Seien Sie verfügbar, um Fragen zu beantworten, Feedback zu geben und bei Bedarf Hilfe anzubieten. Ermutigen Sie Ihre Teammitglieder, Verantwortung für ihre Arbeit zu übernehmen, selbstständig Entscheidungen zu treffen und Probleme kreativ zu lösen. Und achten Sie darauf, ihre Erfolge anzuerkennen und zu feiern, egal ob große oder kleine, um ihnen zu zeigen, dass ihre Bemühungen nicht unbemerkt geblieben sind.

Natürlich erfordert effektives Delegieren auch Vertrauen – sowohl in sich selbst als auch in die Teammitglieder. Vertrauen Sie darauf, dass Sie die Kontrolle abgeben und Ihren Teammitgliedern die Zügel überlassen. Vertrauen Sie darauf, dass Ihre Teammitglieder der Situation gewachsen sind und Ergebnisse liefern. Und wenn auf dem Weg Fehler passieren – was unvermeidlich ist – vertrauen Sie darauf, dass Sie und Ihre Teammitglieder daraus lernen, wachsen und sich verbessern.

Aber was ist mit Mikromanagement, fragen Sie sich vielleicht? Nun, effektive Delegation ist das Gegenmittel zum Mikromanagement. Wenn Sie Aufgaben und Verantwortlichkeiten an Ihre Teammitglieder delegieren, geben Sie ihnen die Freiheit und Autonomie, ihre Arbeit bestmöglich zu erledigen, ohne ständig überwacht und eingegriffen zu werden. Dies fördert nicht nur eine Kultur des Vertrauens und der Ermächtigung, sondern ermöglicht es Ihnen auch, sich auf übergeordnete Prioritäten und strategische Initiativen zu konzentrieren.

Okay, sprechen wir über die Vorteile der Delegation. Wenn sie effektiv durchgeführt wird, kann Delegation sowohl Ihnen als auch Ihren Teammitgliedern eine Reihe von Vorteilen bringen. Sie gewinnen Zeit und Energie, um sich auf Aufgaben mit hoher Priorität und strategische Initiativen zu konzentrieren. Sie befähigt Ihre Teammitglieder, Verantwortung für ihre Arbeit zu übernehmen, neue Fähigkeiten zu entwickeln und sich beruflich weiterzuentwickeln. Sie stärkt das Vertrauen, die Moral und das Engagement innerhalb Ihres Teams. Und letztendlich führt sie zu besseren Ergebnissen und größerem Erfolg für das Team und die Organisation als Ganzes.

Natürlich ist Delegieren nicht immer einfach. Es erfordert die Bereitschaft, die Kontrolle abzugeben, Vertrauen in sich selbst und die Teammitglieder sowie die Bereitschaft, auf dem Weg Unterstützung und Anleitung zu bieten. Aber mit Übung und Ausdauer können Sie die Kunst des Delegierens meistern und ihr volles Potenzial entfalten, um Ihre Teammitglieder zu stärken, die Effizienz zu maximieren und Erfolg zu erzielen. Also krempeln wir die Ärmel hoch, machen uns an die Arbeit und beginnen, wie ein Profi zu delegieren. Wir können die Zukunft gestalten.

Zeitmanagement: Die Kunst der Produktivität, Balance und des Erfolgs meistern

Okay, tauchen wir ein in eine der wichtigsten Fähigkeiten, um in der schnelllebigen und anspruchsvollen Welt, in der wir leben, zurechtzukommen – das Zeitmanagement. In der heutigen Welt, in der es viele Ablenkungen gibt und die Anforderungen hoch sind, ist effektives Zeitmanagement der Schlüssel zur Steigerung der Produktivität, zur Suche nach Balance und zum Erreichen von Erfolg. Also krempeln wir die Ärmel hoch und erkunden die Feinheiten des Zeitmanagements, von der Frage, warum es wichtig ist, bis hin zur Frage, wie man es effektiv umsetzt.

Zunächst einmal müssen wir unsere Begriffe definieren. Zeitmanagement ist der Prozess des Planens, Organisierens und Kontrollierens Ihrer Zeiteinteilung, um Ihre Produktivität zu maximieren und Ihre Ziele zu erreichen. Es geht darum, Prioritäten zu setzen, Ihre Zeit optimal zu nutzen und ein Gleichgewicht zwischen Arbeit, Privatleben und anderen Verpflichtungen zu finden. Beim Zeitmanagement geht es jedoch nicht nur darum, beschäftigt zu sein – es geht auch darum, produktiv zu sein und sinnvolle Ergebnisse zu erzielen.

Warum ist Zeitmanagement also so wichtig? Nun, zunächst einmal ist es unerlässlich, um die Produktivität zu maximieren. In einer Welt, in der der Tag nie genug Stunden hat, können Sie durch effektives Zeitmanagement Ihre Zeit optimal nutzen und in kürzerer Zeit mehr erreichen. Indem Sie Prioritäten setzen, konzentriert bleiben und Ablenkungen minimieren, können Sie Ihre wichtigsten Aufgaben angehen und Ihre Ziele effizienter erreichen.

Beim Zeitmanagement geht es jedoch um mehr als nur Produktivität – es geht auch darum, ein Gleichgewicht zu finden. In der heutigen schnelllebigen Welt fühlt man sich durch die ständigen Anforderungen an unsere Zeit und Energie schnell überfordert und ausgebrannt. Effektives Zeitmanagement ermöglicht es Ihnen, Platz für die Dinge zu schaffen, die am wichtigsten sind – sei es Zeit mit Ihren Lieben zu verbringen, Hobbys und Interessen nachzugehen oder einfach auf sich selbst aufzupassen. Indem Sie Grenzen setzen, Ihre Zeit effektiv einteilen und sich Zeit für die Dinge nehmen, die Ihnen Freude und Erfüllung bringen, können Sie ein größeres Gefühl von Ausgeglichenheit und Wohlbefinden in Ihrem Leben erreichen.

Gut, nachdem wir nun geklärt haben, warum Zeitmanagement wichtig ist, wollen wir darüber sprechen, wie man es effektiv einsetzt. Effektives Zeitmanagement beginnt mit dem Setzen klarer Ziele und Prioritäten. Nehmen Sie sich die Zeit, Ihre wichtigsten Ziele und Vorhaben zu identifizieren, sowohl kurzfristige als auch langfristige, und priorisieren Sie sie nach Wichtigkeit und Dringlichkeit. So können Sie Ihre Zeit und Energie auf die Dinge konzentrieren, die am wichtigsten sind, und vermeiden, dass Sie sich mit weniger wichtigen Aufgaben und Ablenkungen aufhalten.

Sobald Sie Ihre Prioritäten festgelegt haben, ist es an der Zeit, einen Plan zu erstellen. Teilen Sie Ihre Ziele in kleinere, überschaubarere Aufgaben auf und erstellen Sie einen Zeitplan oder eine Aufgabenliste, damit Sie auf Kurs bleiben. Seien Sie realistisch, was die Ihnen zur Verfügung stehende Zeit und den Zeitaufwand für die Aufgaben angeht, und planen Sie unbedingt Zeit für Pausen und Ruhe ein. Denken Sie daran, dass es wichtig ist, sich selbst zu zügeln und eine Überlastung Ihres Zeitplans zu vermeiden, da dies auf lange Sicht zu Burnout und verminderter Produktivität führen kann.

Aber effektives Zeitmanagement bedeutet nicht nur Planung, sondern auch Umsetzung. Bleiben Sie konzentriert und diszipliniert und widerstehen Sie der Versuchung, Dinge aufzuschieben oder sich von weniger wichtigen Aufgaben ablenken zu lassen. Wenn Sie merken, dass Sie vom Kurs abkommen, nehmen Sie sich einen Moment Zeit, um sich neu zu konzentrieren und sich an Ihre Prioritäten zu erinnern. Verwenden Sie Tools und Techniken wie die Pomodoro-Technik, Zeitblockierung oder die Eisenhower-Matrix, um organisiert und produktiv zu bleiben.

Natürlich erfordert effektives Zeitmanagement auch Selbstbewusstsein und Selbstregulierung. Achten Sie auf Ihr Energieniveau und Ihre Arbeitsgewohnheiten und passen Sie Ihren Zeitplan und Ihre Routine entsprechend an. Seien Sie bereit, Nein zu Aufgaben und Verpflichtungen zu sagen, die nicht mit Ihren Prioritäten oder Werten übereinstimmen, und seien Sie proaktiv, wenn es darum geht, Grenzen zu setzen und Ihre Zeit zu schützen. Und achten Sie darauf, auf sich selbst zu achten – schlafen Sie ausreichend, essen Sie gut, treiben Sie regelmäßig Sport und nehmen Sie sich Zeit für Entspannung und Selbstpflege.

Okay, sprechen wir über die Vorteile eines effektiven Zeitmanagements. Effektives Zeitmanagement kann Ihnen viele Vorteile sowohl für Ihr Privat- als auch für Ihr Berufsleben bringen. Sie können in kürzerer Zeit mehr erreichen, Stress und Überforderung reduzieren und ein größeres Gefühl von Ausgeglichenheit und Wohlbefinden erreichen. Es hilft Ihnen, Ihre Ziele zu erreichen und Ihr Potenzial auszuschöpfen, sowohl privat als auch beruflich. Und letztendlich führt es zu mehr Erfolg und Erfüllung in allen Bereichen Ihres Lebens.

Natürlich ist Zeitmanagement keine Universallösung – es ist eine Reise der Selbstfindung und kontinuierlichen Verbesserung. Es erfordert Übung, Geduld und Ausdauer, um es zu meistern, aber die Belohnung ist die Mühe wert. Also krempeln wir die Ärmel hoch, machen uns an die Arbeit und beginnen, die Kunst des Zeitmanagements zu meistern. Wir können die Zukunft gestalten.

Veränderungen bewältigen: Mit Belastbarkeit und Anpassungsfähigkeit durch die Winde der Transformation navigieren

Also gut, begeben wir uns auf eine Reise in einen der herausforderndsten und doch unvermeidlichsten Aspekte des Lebens und des Geschäftslebens – das Management von Veränderungen. In der heutigen schnelllebigen und sich ständig weiterentwickelnden Welt ist der Wandel konstant und unsere Fähigkeit, ihn mit Belastbarkeit und Anpassungsfähigkeit zu meistern, ist für den Erfolg von entscheidender Bedeutung. Krempeln wir also die Ärmel hoch und erkunden wir die Besonderheiten des Veränderungsmanagements, von der Frage, warum es wichtig ist, bis hin zur Frage, wie man es effektiv umsetzt.

Zunächst einmal müssen wir unsere Begriffe definieren. Veränderungsmanagement ist der Prozess, Einzelpersonen, Teams und Organisationen durch Übergänge, Transformationen und Umbrüche zu führen. Es geht darum, Menschen dabei zu helfen, zu verstehen, warum Veränderungen notwendig sind, sich an neue Denk- und Arbeitsweisen anzupassen und die Chancen zu nutzen, die Veränderungen mit sich bringen können. Aber beim Veränderungsmanagement geht es nicht nur darum, auf externe Kräfte zu reagieren – es geht auch darum, Veränderungen proaktiv zu gestalten und voranzutreiben, um die gewünschten Ergebnisse und Ziele zu erreichen.

Warum ist das Management von Veränderungen so wichtig? Nun, zum einen sind Veränderungen unvermeidlich. In der heutigen, sich schnell entwickelnden Welt müssen sich Unternehmen kontinuierlich anpassen und Innovationen hervorbringen, um immer einen Schritt voraus zu sein und wettbewerbsfähig zu bleiben. Ob es sich nun um technologische Fortschritte, Marktveränderungen, Änderungen der

Vorschriften oder Umbrüche in der Branche handelt – Unternehmen, die sich nicht an Veränderungen anpassen, laufen Gefahr, den Anschluss zu verlieren. Ein effektives Änderungsmanagement ermöglicht es Unternehmen, Veränderungen vorherzusehen, darauf zu reagieren und daraus Kapital zu schlagen, anstatt von ihnen überrumpelt zu werden.

Beim Veränderungsmanagement geht es jedoch um mehr als nur das Überleben – es geht auch darum, trotz Unsicherheit erfolgreich zu sein. Veränderungen können herausfordernd und störend sein, aber sie können auch eine Chance für Wachstum, Innovation und Transformation sein. Indem sie Veränderungen mit Offenheit und einer positiven Einstellung annehmen, können Organisationen neue Möglichkeiten erschließen, verborgene Stärken entdecken und Durchbrüche erzielen, die sonst nicht möglich gewesen wären. Mit anderen Worten: Veränderungen sind nicht nur etwas, das gemanagt werden muss – sie müssen angenommen und für größeren Erfolg genutzt werden.

Gut, nachdem wir nun geklärt haben, warum Veränderungsmanagement wichtig ist, sprechen wir darüber, wie man es effektiv umsetzt. Effektives Veränderungsmanagement beginnt mit Kommunikation und Transparenz. Seien Sie offen und ehrlich mit Ihren Teammitgliedern über die Notwendigkeit von Veränderungen, die Gründe dafür und die möglichen Auswirkungen. Schaffen Sie Möglichkeiten für Dialog und Feedback und beziehen Sie Ihre Teammitglieder so weit wie möglich in den Veränderungsprozess ein. Dies wird dazu beitragen, Vertrauen und Akzeptanz aufzubauen und den Widerstand gegen Veränderungen abzubauen.

Sobald Sie die Notwendigkeit der Veränderung kommuniziert haben, ist es an der Zeit, einen Plan zu erstellen. Identifizieren Sie Ihre Ziele und Vorgaben, entwickeln Sie einen Fahrplan, wie Sie diese erreichen wollen, und weisen Sie Ressourcen und Verantwortlichkeiten entsprechend zu. Stellen Sie sicher, dass Sie klare Erwartungen und

Meilensteine festlegen, und kommunizieren Sie regelmäßig Fortschritte und Updates, damit alle informiert und engagiert bleiben. Und seien Sie bereit, flexibel zu sein und Ihren Plan bei Bedarf an Feedback und veränderte Umstände anzupassen.

Aber effektives Change Management besteht nicht nur aus Planung, sondern auch aus Umsetzung. Bleiben Sie konzentriert und diszipliniert und seien Sie bereit, die Ärmel hochzukrempeln und sich an die Arbeit zu machen. Gehen Sie Herausforderungen und Hindernisse proaktiv an, wenn sie auftreten, und unterstützen und ermutigen Sie Ihre Teammitglieder bei der Bewältigung des Übergangs. Und feiern Sie auf dem Weg dorthin unbedingt Erfolge und Meilensteine, um die Moral hochzuhalten und die Dynamik aufrechtzuerhalten.

Natürlich erfordert effektives Change Management auch Empathie und Mitgefühl. Veränderungen können beunruhigend und störend sein, und es ist ganz natürlich, dass Menschen sich ängstlich, unsicher oder widerstrebend fühlen. Seien Sie geduldig und verständnisvoll und nehmen Sie sich die Zeit, den Sorgen Ihrer Teammitglieder zuzuhören und ihnen mit Empathie und Mitgefühl zu begegnen. Bieten Sie Möglichkeiten zur Unterstützung und Schulung, damit Ihre Teammitglieder die Fähigkeiten und das Selbstvertrauen entwickeln, die sie brauchen, um die Veränderungen erfolgreich zu meistern.

Okay, sprechen wir über die Vorteile eines effektiven Änderungsmanagements. Wenn es effektiv durchgeführt wird, kann Änderungsmanagement sowohl für Organisationen als auch für Einzelpersonen eine Reihe von Vorteilen mit sich bringen. Es ermöglicht Organisationen, sich an veränderte Umstände anzupassen und innovativ zu sein, angesichts von Unsicherheit flexibel und widerstandsfähig zu bleiben und ihre Ziele und Vorgaben effektiver zu erreichen. Es hilft Einzelpersonen, Widerstandsfähigkeit und Anpassungsfähigkeit aufzubauen, neue Fähigkeiten und Fertigkeiten zu entwickeln und sowohl persönlich als auch beruflich zu wachsen.

Und letztendlich führt es zu mehr Erfolg, Zufriedenheit und Erfüllung für alle Beteiligten.

Natürlich ist Change Management nicht einfach – es erfordert Geduld, Ausdauer und die Bereitschaft, Unsicherheit und Mehrdeutigkeit zu akzeptieren. Aber mit der richtigen Einstellung, Herangehensweise und Unterstützung können Organisationen und Einzelpersonen den Wandel erfolgreich meistern und stärker, widerstandsfähiger und agiler hervorgehen als je zuvor. Also krempeln wir die Ärmel hoch, machen wir uns an die Arbeit und begreifen den Wandel als Chance für Wachstum und Transformation. Wir können die Zukunft gestalten.

Schwierige Gespräche führen: Herausforderungen mit Empathie, Klarheit und Respekt meistern

Okay, tauchen wir in einen der anspruchsvollsten und zugleich wichtigsten Aspekte der Kommunikation ein – den Umgang mit schwierigen Gesprächen. Ob es darum geht, konstruktives Feedback zu geben, Leistungsprobleme anzusprechen oder Konflikte zu bewältigen – schwierige Gespräche sind ein unvermeidlicher Teil des Lebens und der Arbeit. Aber mit der richtigen Herangehensweise und Einstellung können wir diese Gespräche mit Empathie, Klarheit und Respekt führen. Also krempeln wir die Ärmel hoch und erkunden die Vor- und Nachteile des Umgangs mit schwierigen Gesprächen, von der Frage, warum sie wichtig sind, bis hin zur Frage, wie man sie effektiv führt.

Zunächst einmal müssen wir unsere Begriffe definieren. Schwierige Gespräche sind Gespräche, in denen sensible oder herausfordernde Themen wie Konflikte, Meinungsverschiedenheiten oder Leistungsprobleme angesprochen werden. Diese Gespräche können unangenehm oder peinlich sein und erfordern oft sorgfältige Planung, Vorbereitung und Kommunikation. Bei schwierigen Gesprächen geht es jedoch nicht nur darum, schlechte Nachrichten zu überbringen oder Konflikte zu lösen – sie bieten auch die Möglichkeit zu Wachstum, Verständnis und Lösung.

Warum sind schwierige Gespräche also so wichtig? Nun, zum einen sind sie unerlässlich für den Aufbau starker, gesunder Beziehungen. Ob mit einem Kollegen, einem Teammitglied, einem Freund oder einem geliebten Menschen – schwierige Gespräche ermöglichen es uns, Probleme anzusprechen, Bedenken auszudrücken und Herausforderungen gemeinsam zu bewältigen. Indem wir den Mut haben, diese Gespräche zu führen, können wir unsere Beziehungen stärken, Vertrauen und Harmonie aufbauen und eine Kultur der Offenheit und Ehrlichkeit fördern.

Aber schwierige Gespräche sind auch wichtig für die persönliche und berufliche Entwicklung. Sie ermöglichen es uns, aus unseren Fehlern zu lernen, Feedback zu erhalten und Bereiche zu identifizieren, in denen wir uns verbessern können. Wenn wir den Mut haben, diese Gespräche zu führen, können wir uns unserer selbst bewusster werden, bessere Kommunikationsfähigkeiten entwickeln und besser gerüstet sein, um zukünftige Herausforderungen und Konflikte zu meistern.

Gut, nachdem wir nun geklärt haben, warum schwierige Gespräche wichtig sind, wollen wir darüber sprechen, wie man sie effektiv bewältigt. Effektive Kommunikation beginnt mit der Vorbereitung. Nehmen Sie sich die Zeit, um zu planen, was Sie sagen möchten und wie Sie es sagen möchten. Berücksichtigen Sie die Perspektive der anderen Person und antizipieren Sie, wie sie reagieren könnte. Denken Sie über Ihre Ziele für das Gespräch nach und welches Ergebnis Sie erreichen möchten. Indem Sie sich im Voraus vorbereiten, können Sie das Gespräch mit Zuversicht und Klarheit angehen.

Sobald Sie vorbereitet sind, ist es Zeit für das Gespräch. Wählen Sie eine Zeit und einen Ort, die für einen offenen und ehrlichen Dialog geeignet sind, und schaffen Sie eine sichere und unterstützende Umgebung für das Gespräch. Achten Sie darauf, der Perspektive der anderen Person aufmerksam zuzuhören und zeigen Sie Empathie und Verständnis für ihren Standpunkt. Seien Sie in Ihrer Kommunikation ehrlich und direkt, aber seien Sie auch respektvoll und taktvoll in der Art und Weise, wie Sie Ihre Botschaft übermitteln.

Konzentrieren Sie sich während des Gesprächs auf das eigentliche Thema und lassen Sie sich nicht durch persönliche Angriffe oder irrelevante Details ablenken. Bleiben Sie bei den Fakten und geben Sie konkrete Beispiele an, um Ihre Argumente zu untermauern. Bringen Sie Ihre Gefühle und Bedenken offen und ehrlich zum Ausdruck, seien

Sie aber auch bereit, sich die Perspektive der anderen Person anzuhören und ihre Gefühle zu akzeptieren.

Bei schwierigen Gesprächen kommt es jedoch nicht nur darauf an, was Sie sagen, sondern auch darauf, wie Sie es sagen. Achten Sie auf Ihren Tonfall, Ihre Körpersprache und Mimik und bemühen Sie sich, mit Einfühlungsvermögen, Klarheit und Respekt zu kommunizieren. Achten Sie auf Ihre Emotionen und machen Sie eine Pause, wenn Sie sich sammeln müssen, bevor Sie das Gespräch fortsetzen. Und seien Sie darauf vorbereitet, Ihre eigenen Reaktionen und Antworten zu steuern und bleiben Sie auch bei Konflikten oder Widerstand ruhig und gelassen.

Natürlich können schwierige Gespräche emotional herausfordernd sein, und es ist ganz natürlich, sich dabei ängstlich oder unwohl zu fühlen. Aber mit etwas Übung und Erfahrung können Sie sie selbstbewusster und effektiver führen. Denken Sie daran, dass schwierige Gespräche sowohl für Sie als auch für die andere Person eine Gelegenheit zum Wachsen und Lernen sind. Wenn Sie sie mit Einfühlungsvermögen, Klarheit und Respekt angehen, können Sie sie erfolgreich meistern und positive Ergebnisse für alle Beteiligten erzielen.

Okay, sprechen wir über die Vorteile, die sich aus der effektiven Bewältigung schwieriger Gespräche ergeben. Gut geführte schwierige Gespräche können Einzelpersonen und Organisationen gleichermaßen eine Reihe von Vorteilen bringen. Sie können helfen, Konflikte zu lösen, die Kommunikation zu verbessern und Beziehungen zu stärken. Sie können zu mehr Verständnis, Empathie und Zusammenarbeit führen. Und sie können letztendlich zu besseren Ergebnissen und größerem Erfolg für alle Beteiligten führen.

Natürlich erfordert es Mut, Mitgefühl und Geschick, schwierige Gespräche erfolgreich zu führen. Aber mit der richtigen Herangehensweise und Einstellung können Sie sie erfolgreich meistern und positive Ergebnisse erzielen. Also krempeln wir die Ärmel hoch, machen wir uns an die Arbeit und nutzen wir schwierige Gespräche als Chance für Wachstum, Verständnis und Lösung. Wir können die Zukunft gestalten.

Konfliktlösung: Herausforderungen in Chancen für Wachstum und Zusammenarbeit verwandeln

Okay, lassen Sie uns einen der kritischsten und doch oft herausforderndsten Aspekte zwischenmenschlicher Beziehungen näher betrachten – die Konfliktlösung. Sowohl im privaten als auch im beruflichen Umfeld sind Konflikte unvermeidlich. Die Art und Weise, wie wir diese Konflikte angehen und lösen, kann jedoch den entscheidenden Unterschied für die Aufrechterhaltung gesunder Beziehungen und das Erreichen gegenseitigen Verständnisses und Wachstums ausmachen. Krempeln wir also die Ärmel hoch und erkunden wir die Einzelheiten der Konfliktlösung, von der Frage, warum sie wichtig ist, bis hin zur Frage, wie sie effektiv durchgeführt werden kann.

Zunächst einmal müssen wir unsere Begriffe definieren. Konfliktlösung ist der Prozess der Auseinandersetzung und Lösung von Streitigkeiten oder Meinungsverschiedenheiten zwischen Einzelpersonen oder Gruppen. Dabei geht es darum, die zugrunde liegenden Probleme zu identifizieren, die Perspektiven aller Beteiligten zu verstehen und für beide Seiten akzeptable Lösungen zur Konfliktlösung zu finden. Bei der Konfliktlösung geht es jedoch nicht nur darum, Konflikte zu beenden – es geht auch darum, die Kommunikation zu fördern, Vertrauen aufzubauen und Beziehungen zu stärken.

Warum ist Konfliktlösung also so wichtig? Nun, Konflikte können sich nachteilig auf Beziehungen, Produktivität und Moral auswirken. Ungelöste Konflikte können zu Groll, Feindseligkeit und Kommunikationsstörungen führen, was letztlich das Vertrauen und die Zusammenarbeit innerhalb von Teams und Organisationen untergraben kann. Eine effektive Konfliktlösung ermöglicht es uns,

Probleme und Meinungsverschiedenheiten konstruktiv anzugehen, anstatt sie schwelen und eskalieren zu lassen.

Konfliktlösung ist aber auch für die persönliche und berufliche Entwicklung wichtig. Konflikte können eine Gelegenheit zum Lernen und Wachsen sein, da sie uns zwingen, uns mit Unterschieden auseinanderzusetzen, Annahmen in Frage zu stellen und alternative Perspektiven in Betracht zu ziehen. Wenn wir Konflikten unvoreingenommen und mit der Bereitschaft, zuzuhören und zu lernen, begegnen, können wir wertvolle Erkenntnisse über uns selbst und andere gewinnen und dadurch widerstandsfähiger, anpassungsfähiger und einfühlsamer werden.

Gut, nachdem wir nun geklärt haben, warum Konfliktlösung wichtig ist, wollen wir darüber sprechen, wie man sie effektiv umsetzt. Effektive Konfliktlösung beginnt mit Kommunikation. Schaffen Sie eine sichere und unterstützende Umgebung für den Dialog und ermutigen Sie alle Beteiligten, ihre Gedanken, Gefühle und Bedenken offen und ehrlich auszudrücken. Achten Sie darauf, aufmerksam zuzuhören, was andere zu sagen haben, und versuchen Sie, ihre Perspektiven und Motivationen zu verstehen.

Sobald Sie die zugrunde liegenden Probleme und Perspektiven identifiziert haben, ist es an der Zeit, einen gemeinsamen Nenner zu finden und auf eine Lösung hinzuarbeiten. Konzentrieren Sie sich auf Bereiche, in denen Übereinstimmung besteht und gemeinsame Interessen bestehen, und suchen Sie nach Win-Win-Lösungen, die die Bedürfnisse und Anliegen aller Beteiligten berücksichtigen. Seien Sie bei der Suche nach möglichen Lösungen kreativ und flexibel und seien Sie bereit, Kompromisse einzugehen und zu verhandeln, um ein für beide Seiten akzeptables Ergebnis zu erzielen.

Bei einer effektiven Konfliktlösung geht es jedoch nicht nur darum, eine Lösung zu finden – es geht auch darum, Beziehungen zu reparieren und Vertrauen wiederherzustellen. Seien Sie bereit, Fehler einzugestehen und Verantwortung für Ihre Handlungen zu übernehmen, und seien Sie offen dafür, Entschuldigungen und Vergebung anzubieten und anzunehmen. Seien Sie im Umgang mit anderen geduldig und einfühlsam und seien Sie bereit, die nötige Zeit und Mühe zu investieren, um Vertrauen wiederherzustellen und Beziehungen zu reparieren.

Natürlich ist die Konfliktlösung nicht immer einfach und es ist ganz natürlich, dass man sich bei der Auseinandersetzung mit Meinungsverschiedenheiten und der Auseinandersetzung mit Konflikten unwohl oder ängstlich fühlt. Aber mit etwas Übung und Erfahrung können Sie Konflikte sicherer und effektiver meistern und für beide Seiten akzeptable Lösungen finden. Denken Sie daran, dass Konflikte sowohl für Sie als auch für die anderen Beteiligten eine Chance zum Wachstum und Lernen darstellen. Wenn Sie ihnen mit Einfühlungsvermögen, Klarheit und Respekt begegnen, können Sie Herausforderungen in Chancen für Wachstum und Zusammenarbeit verwandeln.

Okay, sprechen wir über die Vorteile einer effektiven Konfliktlösung. Wenn Konflikte effektiv gelöst werden, können sie sowohl für Einzelpersonen als auch für Organisationen eine Reihe von Vorteilen mit sich bringen. Sie können Beziehungen stärken, die Kommunikation verbessern und Vertrauen und Zusammenarbeit fördern. Sie können zu mehr Verständnis, Empathie und Respekt für die Ansichten anderer führen. Und sie können letztendlich zu besseren Ergebnissen und größerem Erfolg für alle Beteiligten führen.

Natürlich erfordert eine effektive Konfliktlösung Mut, Geduld und Geschick. Aber mit der richtigen Herangehensweise und Einstellung können Sie Konflikte erfolgreich meistern und positive Ergebnisse erzielen. Also krempeln wir die Ärmel hoch, machen uns an die Arbeit und nutzen die Konfliktlösung als Chance für Wachstum, Verständnis und Zusammenarbeit. Wir können die Zukunft gestalten.

Krisenmanagement: Mit Resilienz und Strategie durch turbulente Gewässer navigieren

Okay, lassen Sie uns einen der wichtigsten Aspekte von Führung und Unternehmenserfolg näher betrachten – das Krisenmanagement. In der heutigen unberechenbaren Welt können Krisen jederzeit eintreten, von Naturkatastrophen über finanzielle Einbrüche bis hin zu PR-Albträumen. Wie Organisationen auf diese Krisen reagieren, kann entscheidend dafür sein, ob sie den Sturm überstehen und gestärkt daraus hervorgehen können. Krempeln wir also die Ärmel hoch und erkunden wir die Vor- und Nachteile des Krisenmanagements, von der Frage, warum es wichtig ist, bis hin zur Frage, wie man es effektiv umsetzt.

Zunächst einmal müssen wir unsere Begriffe definieren. Krisenmanagement ist der Prozess der Vorbereitung auf Krisen oder Notfälle, die die Stabilität, den Ruf oder die Überlebensfähigkeit einer Organisation bedrohen, der Reaktion darauf und der Erholung davon. Dazu gehört das Identifizieren potenzieller Risiken und Schwachstellen, das Entwickeln von Strategien und Protokollen für das Krisenmanagement sowie das Mobilisieren von Ressourcen und Personal, um im Krisenfall effektiv reagieren zu können. Beim Krisenmanagement geht es jedoch nicht nur darum, auf Notfälle zu reagieren – es geht auch darum, sich proaktiv auf sie vorzubereiten und ihre Auswirkungen zu minimieren.

Warum ist Krisenmanagement so wichtig? Nun, Krisen können verheerende Auswirkungen auf Unternehmen haben, von finanziellen Verlusten über Reputationsschäden bis hin zu rechtlichen Verpflichtungen. Ohne wirksames Krisenmanagement laufen Unternehmen Gefahr, überrascht und schlecht auf Notfälle vorbereitet zu werden, was den Schaden verschlimmern und den

Wiederherstellungsprozess verzögern kann. Ein wirksames Krisenmanagement ermöglicht es Unternehmen, Krisen rechtzeitig und koordiniert vorherzusehen, sich darauf vorzubereiten und darauf zu reagieren, ihre Auswirkungen zu minimieren und eine schnelle und wirksame Wiederherstellung sicherzustellen.

Krisenmanagement ist aber auch wichtig, um Vertrauen und Zuversicht bei den Stakeholdern aufzubauen. In Krisenzeiten erwarten Stakeholder – ob Mitarbeiter, Kunden, Investoren oder die Öffentlichkeit – von Organisationen Führung, Anleitung und Zuversicht. Indem Organisationen bei ihrer Reaktion auf Krisen Kompetenz, Transparenz und Verantwortlichkeit zeigen, können sie Vertrauen und Zuversicht bei den Stakeholdern aufbauen, ihren Ruf stärken und mit intakter Glaubwürdigkeit aus Krisen hervorgehen.

Gut, nachdem wir nun geklärt haben, warum Krisenmanagement wichtig ist, sprechen wir darüber, wie man es effektiv umsetzt. Effektives Krisenmanagement beginnt mit der Vorbereitung. Nehmen Sie sich die Zeit, potenzielle Risiken und Schwachstellen zu identifizieren, die Ihr Unternehmen bedrohen könnten, von Naturkatastrophen über Verstöße gegen die Cybersicherheit bis hin zu Störungen der Lieferkette. Entwickeln Sie Strategien und Protokolle zum Umgang mit diesen Risiken und legen Sie klare Rollen und Verantwortlichkeiten für Schlüsselpersonal im Krisenfall fest. Führen Sie regelmäßige Schulungen und Übungen durch, um sicherzustellen, dass jeder weiß, was im Notfall zu tun ist, und halten Sie Ihre Pläne und Protokolle auf dem neuesten Stand, während sich Ihr Unternehmen weiterentwickelt und verändert.

Wenn Sie sich auf potenzielle Krisen vorbereitet haben, ist es wichtig, wachsam und proaktiv zu bleiben. Beobachten Sie die externe Umgebung auf Anzeichen neuer Bedrohungen oder Schwachstellen und seien Sie bereit, Ihre Pläne und Protokolle entsprechend anzupassen. Richten Sie klare Kommunikations- und Entscheidungswege innerhalb Ihrer Organisation ein und stellen Sie sicher, dass Schlüsselpersonal jederzeit erreichbar und verfügbar ist, um auf Notfälle zu reagieren. Und bauen Sie unbedingt Beziehungen und Partnerschaften mit externen Interessengruppen wie Regierungsbehörden, Rettungskräften und Gemeindeorganisationen auf, um eine koordinierte und wirksame Reaktion auf Krisen zu gewährleisten.

Effektives Krisenmanagement besteht jedoch nicht nur aus Vorbereitung, sondern auch aus Kommunikation. In Krisenzeiten ist Kommunikation der Schlüssel zur Aufrechterhaltung des Vertrauens und der Zuversicht zwischen den Beteiligten sowie zur Koordinierung einer zeitnahen und effektiven Reaktion. Seien Sie in Ihrer Kommunikation transparent und ehrlich und stellen Sie allen Beteiligten – sowohl internen als auch externen – zeitnahe und genaue Informationen zur Verfügung. Gehen Sie proaktiv auf Bedenken und Fragen ein, und seien Sie bereit, Fehler zuzugeben und Verantwortung für Ihr Handeln zu übernehmen. Und nutzen Sie unbedingt verschiedene Kommunikationskanäle und -plattformen, um unterschiedliche Zielgruppen zu erreichen und sicherzustellen, dass Ihre Botschaften gehört und verstanden werden.

Natürlich ist Krisenmanagement nicht einfach und es ist ganz natürlich, sich in einer Krise ängstlich oder überfordert zu fühlen. Aber mit Vorbereitung, Wachsamkeit und effektiver Kommunikation können Organisationen Krisen erfolgreich meistern und gestärkt daraus hervorgehen. Denken Sie daran, dass Krisen für Organisationen eine Gelegenheit sind, ihre Widerstandsfähigkeit, Anpassungsfähigkeit und ihr Engagement gegenüber ihren Stakeholdern unter Beweis zu stellen. Wenn Organisationen Krisen mit Mut, Kompetenz und Mitgefühl angehen, können sie sie nicht nur überleben, sondern trotz aller Widrigkeiten erfolgreich bestehen.

Okay, sprechen wir über die Vorteile eines effektiven Krisenmanagements. Wenn Krisen effektiv gemanagt werden, können Organisationen ihre Auswirkungen minimieren und eine schnelle und effektive Erholung sicherstellen. Sie können das Vertrauen der Stakeholder aufrechterhalten, ihren Ruf stärken und aus Krisen stärker und widerstandsfähiger als je zuvor hervorgehen. Und sie können letztlich langfristig mehr Erfolg und Nachhaltigkeit erzielen.

Natürlich erfordert effektives Krisenmanagement Führung, Engagement und Zusammenarbeit auf allen Ebenen einer Organisation. Aber mit der richtigen Herangehensweise und Einstellung können Organisationen Krisen erfolgreich meistern und gestärkt daraus hervorgehen. Also krempeln wir die Ärmel hoch, machen wir uns an die Arbeit und nutzen wir Krisenmanagement als Chance für Wachstum, Widerstandsfähigkeit und Erfolg. Wir können die Zukunft gestalten.

Schaffen einer produktiven Arbeitsumgebung: Förderung von Kultur, Zusammenarbeit und Wohlbefinden

Okay, tauchen wir in einen der wichtigsten Aspekte des Unternehmenserfolgs ein – die Schaffung einer produktiven Arbeitsumgebung. In der heutigen schnelllebigen und wettbewerbsorientierten Welt hängt der Erfolg eines Unternehmens oft von seiner Fähigkeit ab, eine Kultur der Produktivität, Zusammenarbeit und des Wohlbefindens unter seinen Mitarbeitern zu fördern. Krempeln wir also die Ärmel hoch und erkunden wir die Vor- und Nachteile der Schaffung einer produktiven Arbeitsumgebung, von der Frage, warum sie wichtig ist, bis hin zur Frage, wie man sie effektiv umsetzt.

Zunächst einmal müssen wir unsere Begriffe definieren. Eine produktive Arbeitsumgebung ist eine Umgebung, in der Mitarbeiter Höchstleistungen erbringen, effektiv mit ihren Kollegen zusammenarbeiten und ihre Ziele erreichen können. Es ist eine Umgebung, die Kreativität, Innovation und Engagement fördert und das körperliche, emotionale und geistige Wohlbefinden der Mitarbeiter unterstützt. Bei der Schaffung einer produktiven Arbeitsumgebung geht es jedoch nicht nur darum, die richtigen Werkzeuge und Ressourcen bereitzustellen – es geht auch darum, eine Kultur zu pflegen, die Produktivität und Wohlbefinden schätzt und unterstützt.

Warum ist es also so wichtig, eine produktive Arbeitsumgebung zu schaffen? Nun, zum einen ist sie unerlässlich, um die besten Talente anzuziehen und zu halten. Auf dem heutigen wettbewerbsintensiven Arbeitsmarkt suchen Mitarbeiter zunehmend nach Arbeitsplätzen, die mehr als nur einen Gehaltsscheck bieten – sie möchten für

Unternehmen arbeiten, die ihre Beiträge wertschätzen, ihr Wachstum und ihre Entwicklung unterstützen und ein positives und erfüllendes Arbeitsumfeld bieten. Durch die Schaffung einer produktiven Arbeitsumgebung können Unternehmen die besten Talente anziehen und halten, die Fluktuation reduzieren und letztlich langfristig mehr Erfolg und Nachhaltigkeit erzielen.

Die Schaffung einer produktiven Arbeitsumgebung ist jedoch auch wichtig für die Leistung und den Erfolg eines Unternehmens. Produktive Mitarbeiter sind engagierter, motivierter und gehen ihrer Arbeit mit mehr Engagement nach, was zu höherer Leistung, Innovation und Kundenzufriedenheit führt. Durch die Förderung einer Kultur der Produktivität und Zusammenarbeit können Unternehmen das volle Potenzial ihrer Mitarbeiter ausschöpfen und schneller bessere Ergebnisse erzielen.

Gut, nachdem wir nun geklärt haben, warum die Schaffung einer produktiven Arbeitsumgebung wichtig ist, wollen wir darüber sprechen, wie man dies effektiv erreicht. Effektive Produktivität beginnt mit der Kultur. Schaffen Sie eine Kultur, die harte Arbeit, Innovation und Zusammenarbeit schätzt und belohnt und die das körperliche, emotionale und geistige Wohlbefinden ihrer Mitarbeiter unterstützt. Fördern Sie offene Kommunikation und Transparenz und ermutigen Sie Feedback und Input von allen Ebenen der Organisation. Indem sie eine Kultur des Vertrauens, Respekts und der Verantwortlichkeit schaffen, können Organisationen ihre Mitarbeiter befähigen, Höchstleistungen zu erbringen und ihr volles Potenzial auszuschöpfen.

Sobald Sie eine Produktivitätskultur etabliert haben, ist es wichtig, die richtigen Tools und Ressourcen bereitzustellen, um den Erfolg Ihrer Mitarbeiter zu unterstützen. Investieren Sie in Schulungs- und Entwicklungsprogramme, um Mitarbeitern dabei zu helfen, die Fähigkeiten und Kompetenzen zu entwickeln, die sie für den Erfolg in ihren Rollen benötigen. Bieten Sie Zugang zu Technologien und

Ressourcen, die es Mitarbeitern ermöglichen, effizient und kollaborativ zu arbeiten, egal ob sie im Büro, an einem entfernten Standort oder unterwegs sind. Und sorgen Sie dafür, dass physische Arbeitsbereiche geschaffen werden, die die Produktivität fördern, mit viel natürlichem Licht, bequemen Möbeln und Räumen für Zusammenarbeit und Konzentration.

Bei der Schaffung einer produktiven Arbeitsumgebung geht es jedoch nicht nur um die physische Umgebung – es geht auch darum, das Wohlbefinden Ihrer Mitarbeiter zu fördern. Erkennen Sie, dass Mitarbeiter auch Menschen mit einem Privatleben sind, und bemühen Sie sich, eine Kultur zu schaffen, die Work-Life-Balance und Flexibilität unterstützt. Bieten Sie Leistungen und Programme an, die das körperliche, emotionale und geistige Wohlbefinden fördern, wie etwa flexible Arbeitszeiten, Wellness-Programme und Zugang zu Ressourcen für die psychische Gesundheit. Und gehen Sie unbedingt mit gutem Beispiel voran, indem Sie Ihr eigenes Wohlbefinden an erste Stelle setzen und Ihren Mitarbeitern gesunde Arbeitsgewohnheiten vorleben.

Natürlich ist die Schaffung einer produktiven Arbeitsumgebung keine einmalige Anstrengung, sondern ein fortlaufender Prozess der kontinuierlichen Verbesserung. Seien Sie offen für Feedback und Anregungen Ihrer Mitarbeiter und seien Sie bereit, bei Bedarf Anpassungen und Änderungen vorzunehmen, um ihre Bedürfnisse und Vorlieben besser zu unterstützen. Und feiern Sie auf dem Weg dorthin unbedingt Erfolge und Meilensteine, um die harte Arbeit und Beiträge Ihrer Mitarbeiter anzuerkennen und zu belohnen.

Okay, sprechen wir über die Vorteile einer produktiven Arbeitsumgebung. Wenn Unternehmen eine produktive Arbeitsumgebung schaffen, können sie eine Vielzahl von Vorteilen sowohl für die Mitarbeiter als auch für das Unternehmen als Ganzes erzielen. Produktive Mitarbeiter sind engagierter, motivierter und engagierter bei ihrer Arbeit, was zu höherer Leistung, Innovation und

Kundenzufriedenheit führt. Unternehmen können Top-Talente anziehen und halten, die Fluktuation reduzieren und letztlich langfristig mehr Erfolg und Nachhaltigkeit erzielen. Und die Mitarbeiter können eine größere Arbeitszufriedenheit, Erfüllung und ein höheres Wohlbefinden genießen, was insgesamt zu einer glücklicheren und gesünderen Belegschaft führt. Natürlich erfordert die Schaffung einer produktiven Arbeitsumgebung Führung, Engagement und Zusammenarbeit auf allen Ebenen einer Organisation. Aber mit dem richtigen Ansatz und der richtigen Einstellung können Organisationen eine Arbeitsumgebung schaffen, in der Mitarbeiter sich entfalten und erfolgreich sein können. Krempeln wir also die Ärmel hoch, machen wir uns an die Arbeit und schaffen wir eine produktive Arbeitsumgebung, die den Erfolg und das Wohlbefinden aller Beteiligten unterstützt. Wir können die Zukunft gestalten.

Prozessverbesserung: Steigerung von Effizienz, Qualität und Innovation

Okay, tauchen wir in einen der wichtigsten Aspekte des Unternehmenserfolgs ein – die Prozessverbesserung. Im heutigen, sich schnell verändernden und wettbewerbsorientierten Geschäftsumfeld müssen Unternehmen kontinuierlich danach streben, ihre Effizienz, Qualität und Innovation zu verbessern, um an der Spitze zu bleiben und wettbewerbsfähig zu bleiben. Krempeln wir also die Ärmel hoch und erkunden wir die Vor- und Nachteile der Prozessverbesserung, von der Frage, warum sie wichtig ist, bis hin zur Frage, wie sie effektiv umgesetzt werden kann.

Zunächst einmal müssen wir unsere Begriffe definieren. Prozessverbesserung ist die fortlaufende Anstrengung, die Prozesse und Arbeitsabläufe innerhalb einer Organisation zu identifizieren, zu analysieren und zu verbessern, um bessere Ergebnisse zu erzielen, sei es eine höhere Effizienz, höhere Qualität, geringere Kosten oder mehr Innovation. Dazu gehört das systematische Identifizieren von Verbesserungsmöglichkeiten, das Implementieren von Änderungen und Innovationen sowie das Überwachen und Messen der Auswirkungen dieser Änderungen im Laufe der Zeit. Bei der Prozessverbesserung geht es jedoch nicht nur darum, inkrementelle Optimierungen vorzunehmen – es geht auch darum, den Status quo in Frage zu stellen und sinnvolle Änderungen voranzutreiben, um bahnbrechende Ergebnisse zu erzielen.

Warum ist Prozessverbesserung also so wichtig? Nun, zum einen ist sie unerlässlich, um in der heutigen schnelllebigen Geschäftswelt wettbewerbsfähig zu bleiben. Da die Technologie voranschreitet und die Kundenerwartungen sich weiterentwickeln, müssen sich Unternehmen kontinuierlich anpassen und Innovationen entwickeln, um den sich ändernden Bedürfnissen und Anforderungen ihrer

Kunden gerecht zu werden. Durch Prozessverbesserung können Unternehmen ihre Abläufe rationalisieren, Verschwendung und Ineffizienz beseitigen und qualitativ hochwertigere Produkte und Dienstleistungen schneller und kostengünstiger liefern. Durch die kontinuierliche Verbesserung ihrer Prozesse können Unternehmen der Konkurrenz einen Schritt voraus sein und ihren Wettbewerbsvorteil auf dem Markt aufrechterhalten.

Aber auch für die Förderung von Innovation und Wachstum ist Prozessoptimierung wichtig. Indem sie den Status quo in Frage stellen und Kreativität und Experimentierfreude fördern, können Unternehmen neue Ideen, Chancen und Lösungen entdecken, die Innovation und Wachstum fördern. Durch Prozessoptimierung können Unternehmen Silos aufbrechen, die Zusammenarbeit fördern und eine Kultur des kontinuierlichen Lernens und der kontinuierlichen Verbesserung schaffen. Indem sie ihren Mitarbeitern die Möglichkeit geben, Verantwortung für ihre Arbeit zu übernehmen und ihre Ideen und Erkenntnisse einzubringen, können Unternehmen das volle Potenzial ihrer Belegschaft ausschöpfen und sinnvolle Veränderungen und Innovationen vorantreiben.

Gut, nachdem wir nun geklärt haben, warum Prozessverbesserung wichtig ist, sprechen wir darüber, wie man sie effektiv umsetzt. Effektive Prozessverbesserung beginnt mit der Verpflichtung zu kontinuierlichem Lernen und Verbesserung. Ermutigen Sie Mitarbeiter auf allen Ebenen der Organisation, aktiv nach Verbesserungsmöglichkeiten zu suchen und den Status quo in Frage zu stellen. Schaffen Sie eine Kultur, die Innovation, Kreativität und Zusammenarbeit schätzt und belohnt, und stellen Sie die notwendigen Werkzeuge, Ressourcen und Unterstützung bereit, um sinnvolle Veränderungen voranzutreiben.

Sobald Sie Verbesserungsmöglichkeiten identifiziert haben, ist es wichtig, diese systematisch und strategisch anzugehen. Definieren Sie zunächst klare Ziele und Vorgaben für die Verbesserung Bemühungen und legen Sie Key Performance Indicators (KPIs) fest, um Fortschritt und Erfolg zu messen. Sammeln Sie dann Daten und Informationen, um den aktuellen Status des Prozesses zu verstehen, einschließlich seiner Stärken, Schwächen und verbesserungswürdigen Bereiche. Verwenden Sie Tools und Techniken wie Prozessmapping, Ursachenanalyse und Benchmarking, um Verbesserungsmöglichkeiten zu identifizieren und sie basierend auf ihren potenziellen Auswirkungen und ihrer Durchführbarkeit zu priorisieren.

Sobald Sie Verbesserungsmöglichkeiten identifiziert haben, ist es an der Zeit, Änderungen und Innovationen umzusetzen. Beziehen Sie unbedingt wichtige Stakeholder und Fachexperten in den Prozess ein und kommunizieren Sie offen und transparent über die vorgenommenen Änderungen und die Gründe dafür. Bieten Sie Schulungen und Unterstützung an, damit sich die Mitarbeiter an die Änderungen anpassen können, und seien Sie bereit, den Prozess basierend auf Feedback und gewonnenen Erkenntnissen zu wiederholen und zu verfeinern.

Natürlich ist Prozessverbesserung kein einmaliges Unterfangen, sondern ein fortlaufender Prozess des kontinuierlichen Lernens und der Verbesserung. Achten Sie darauf, die Auswirkungen der Änderungen im Laufe der Zeit zu überwachen und zu messen, und seien Sie bereit, bei Bedarf Anpassungen und Verfeinerungen vorzunehmen, um die gewünschten Ergebnisse zu erzielen. Und feiern Sie auf dem Weg dorthin unbedingt Erfolge und Meilensteine, um die harte Arbeit und Beiträge aller Beteiligten anzuerkennen und zu belohnen.

Okay, sprechen wir über die Vorteile einer effektiven Prozessverbesserung. Effektiv durchgeführte Prozessverbesserungen können Organisationen und Einzelpersonen gleichermaßen eine Vielzahl von Vorteilen bringen. Sie können Effizienz, Qualität und Innovation steigern, was zu besseren Produkten und Dienstleistungen, geringeren Kosten und höherer Kundenzufriedenheit führt. Sie können Wachstum und Wettbewerbsfähigkeit fördern und Organisationen dabei helfen, im heutigen, sich schnell verändernden Geschäftsumfeld an der Spitze zu bleiben und relevant zu bleiben. Und sie können Mitarbeiter befähigen, die Zusammenarbeit fördern und eine Kultur des kontinuierlichen Lernens und der Verbesserung schaffen, was zu größerer Arbeitszufriedenheit, Erfüllung und Wohlbefinden führt.

Natürlich erfordert eine effektive Prozessverbesserung Führung, Engagement und Zusammenarbeit auf allen Ebenen einer Organisation. Aber mit dem richtigen Ansatz und der richtigen Einstellung können Organisationen bedeutende Veränderungen vorantreiben und bahnbrechende Ergebnisse erzielen. Krempeln wir also die Ärmel hoch, machen wir uns an die Arbeit und nutzen wir die Prozessverbesserung als Katalysator für Wachstum, Innovation und Erfolg. Wir können die Zukunft gestalten.

Zielsetzung und -verfolgung: Mit Klarheit und Verantwortlichkeit zum Erfolg navigieren

Also gut, begeben wir uns auf eine Reise zu einem der grundlegendsten Aspekte des persönlichen und beruflichen Wachstums – dem Setzen und Verfolgen von Zielen. Sowohl im Privat- als auch im Berufsleben ist das Setzen klarer Ziele und das Verfolgen unserer Fortschritte auf dem Weg dorthin für Erfolg und Erfüllung unerlässlich. Also krempeln wir die Ärmel hoch und erkunden die Vor- und Nachteile des Setzens und Verfolgens von Zielen, von der Frage, warum es wichtig ist, bis hin zur Frage, wie man es effektiv umsetzt.

Zunächst einmal müssen wir unsere Begriffe definieren. Zielsetzung ist der Prozess, bei dem wir spezifische, messbare, erreichbare, relevante und zeitgebundene Ziele definieren, die wir erreichen möchten. Ob es darum geht, in unserer Karriere voranzukommen, unsere Gesundheit und Fitness zu verbessern oder neue Fähigkeiten zu erlernen – das Setzen klarer Ziele gibt uns Richtung und Zweck und motiviert uns, aktiv zu werden. Aber bei der Zielsetzung geht es nicht nur darum, große Träume zu haben – es geht auch darum, unsere Ziele in kleinere, überschaubarere Aufgaben und Meilensteine aufzuteilen und einen Plan zu erstellen, um diese zu erreichen.

Warum ist es also so wichtig, Ziele zu setzen und zu verfolgen? Nun, zunächst einmal ist es für Klarheit und Fokus unerlässlich. In der heutigen schnelllebigen und ablenkenden Welt ist es leicht, überfordert zu werden und aus den Augen zu verlieren, was uns wirklich wichtig ist. Das Setzen klarer Ziele verschafft uns Klarheit darüber, was wir erreichen wollen und warum es uns wichtig ist, und hilft uns, unsere Zeit und Energie entsprechend einzuteilen. Indem wir uns auf unsere

Ziele konzentrieren, können wir Ablenkungen vermeiden und auf Kurs bleiben, um unsere Ziele zu erreichen.

Das Setzen und Verfolgen von Zielen ist aber auch wichtig für die Verantwortlichkeit und Motivation. Wenn wir klare Ziele setzen und unseren Fortschritt verfolgen, übernehmen wir die Verantwortung dafür, Maßnahmen zu ergreifen und Fortschritte bei der Erreichung unserer Ziele zu erzielen. Indem wir unsere Ziele regelmäßig überprüfen und unseren Fortschritt verfolgen, können wir motiviert und inspiriert bleiben, weiterzumachen, selbst wenn wir auf Hindernisse oder Rückschläge stoßen. Und indem wir unsere Erfolge und Meilensteine auf dem Weg dorthin feiern, können wir unseren Fortschritt festigen und die Dynamik für das Erreichen unserer Ziele steigern.

Gut, nachdem wir nun geklärt haben, warum das Setzen und Verfolgen von Zielen wichtig ist, wollen wir darüber sprechen, wie man das effektiv macht. Effektives Setzen von Zielen beginnt mit Klarheit. Nehmen Sie sich die Zeit, darüber nachzudenken, was Ihnen wirklich wichtig ist und was Sie in Ihrem Privat- und Berufsleben erreichen möchten. Setzen Sie sich Ziele, die spezifisch, messbar, erreichbar, relevant und zeitgebunden (SMART) sind, und unterteilen Sie sie in kleinere, überschaubarere Aufgaben und Meilensteine.

Sobald Sie Ihre Ziele festgelegt haben, ist es wichtig, einen Plan zu erstellen, um sie zu erreichen. Identifizieren Sie die Schritte und Maßnahmen, die Sie ergreifen müssen, um Ihren Zielen näher zu kommen, und erstellen Sie einen Zeitplan für deren Erreichung. Priorisieren Sie Ihre Aufgaben und konzentrieren Sie sich zuerst auf die wichtigsten und wirkungsvollsten Maßnahmen. Seien Sie bereit, Ihren Plan bei Bedarf als Reaktion auf Feedback und sich ändernde Umstände anzupassen.

Beim Setzen und Verfolgen von Zielen geht es jedoch nicht nur um Planung, sondern auch um das Ergreifen von Maßnahmen. Gehen Sie proaktiv die notwendigen Schritte ein, um Ihre Ziele zu erreichen, und seien Sie bei Ihren Bemühungen diszipliniert und konsequent. Bleiben Sie konzentriert und Ihren Zielen verpflichtet und seien Sie bereit, auf dem Weg Hindernisse und Herausforderungen zu überwinden. Und verfolgen Sie Ihren Fortschritt regelmäßig, um sicherzustellen, dass Sie auf dem richtigen Weg bleiben, um Ihre Ziele zu erreichen und bei Bedarf die erforderlichen Anpassungen vorzunehmen.

Natürlich ist das Setzen und Verfolgen von Zielen keine einmalige Angelegenheit, sondern ein fortlaufender Prozess aus Reflexion, Planung, Handeln und Überprüfung. Überprüfen Sie regelmäßig Ihre Ziele und Fortschritte und feiern Sie Ihre Erfolge und Meilensteine auf dem Weg dorthin. Verwenden Sie Tools und Techniken wie Tagebuchschreiben, Zielsetzungs-Apps oder Rechenschaftspartner, um auf Kurs und motiviert zu bleiben, und seien Sie bereit, bei Bedarf Unterstützung und Anleitung zu suchen.

Okay, sprechen wir über die Vorteile einer effektiven Zielsetzung und -verfolgung. Wenn sie effektiv durchgeführt wird, kann die Zielsetzung und -verfolgung sowohl Einzelpersonen als auch Organisationen eine Reihe von Vorteilen bringen. Sie kann für Klarheit und Fokus sorgen und uns helfen, unsere Zeit und Energie auf das Erreichen unserer Ziele zu konzentrieren. Sie kann uns dazu verpflichten, Maßnahmen zu ergreifen und Fortschritte bei der Erreichung unserer Ziele zu erzielen, selbst wenn wir mit Hindernissen oder Rückschlägen konfrontiert sind. Und sie kann uns motivieren und inspirieren, weiterzumachen, auch wenn es schwierig wird.

Natürlich erfordert das effektive Setzen und Verfolgen von Zielen Disziplin, Engagement und Ausdauer. Aber mit der richtigen Herangehensweise und Einstellung können wir bemerkenswerte Ergebnisse erzielen und unser volles Potenzial entfalten. Also krempeln wir die Ärmel hoch, machen uns an die Arbeit und nutzen das Setzen und Verfolgen von Zielen als leistungsstarkes Werkzeug für persönliches und berufliches Wachstum und Erfolg. Wir können die Zukunft gestalten.

Strategische Planung: Mit Vision und Zielsetzung den Kurs zum Erfolg bestimmen

Okay, vertiefen wir uns in einen der wichtigsten Aspekte des Unternehmenserfolgs – die strategische Planung. In der heutigen dynamischen und wettbewerbsorientierten Geschäftswelt müssen Unternehmen eine klare Vision, ein klares Ziel und einen klaren Plan haben, um die Komplexität des Marktes zu meistern und ihre langfristigen Ziele zu erreichen. Krempeln wir also die Ärmel hoch und erkunden wir die Einzelheiten der strategischen Planung, von der Frage, warum sie wichtig ist, bis hin zur Frage, wie sie effektiv umgesetzt werden kann.

Zunächst einmal müssen wir unsere Begriffe definieren. Strategische Planung ist der Prozess, bei dem die langfristige Vision, Mission und Ziele einer Organisation definiert und ein umfassender Plan zu ihrer Erreichung entwickelt wird. Dazu gehört die Analyse des internen und externen Umfelds, die Identifizierung von Chancen und Risiken sowie die Festlegung klarer Ziele und Prioritäten für die Organisation. Bei der strategischen Planung geht es jedoch nicht nur um die Festlegung von Zielen, sondern auch um die Erstellung eines Fahrplans und Aktionsplans, um die Organisation in den gewünschten zukünftigen Zustand zu führen.

Warum ist strategische Planung also so wichtig? Nun, zunächst einmal gibt sie Richtung und Ziel vor. Im heutigen schnelllebigen und komplexen Geschäftsumfeld müssen Unternehmen ein klares Gespür für Richtung und Ziel haben, um die Unsicherheiten und Herausforderungen zu meistern, denen sie gegenüberstehen. Strategische Planung ermöglicht es Unternehmen, ihre langfristige Vision und Ziele zu definieren und einen Fahrplan zu erstellen, der ihre Entscheidungen und Maßnahmen leitet. Indem alle in der

Organisation auf eine gemeinsame Vision und ein gemeinsames Ziel ausgerichtet werden, trägt strategische Planung zu Klarheit, Fokus und Ausrichtung bei und stellt sicher, dass alle auf dieselben Ziele hinarbeiten.

Aber strategische Planung ist auch wichtig, um Leistung und Erfolg eines Unternehmens zu steigern. Durch die Festlegung klarer Ziele und Prioritäten hilft strategische Planung Unternehmen dabei, ihre Ressourcen und Investitionen effektiver zu verteilen und sich auf Aktivitäten und Initiativen zu konzentrieren, die den größten Einfluss auf ihren langfristigen Erfolg haben. Sie hilft Unternehmen dabei, Veränderungen auf dem Markt vorherzusehen und darauf zu reagieren sowie Wachstums- und Innovationschancen zu nutzen. Und sie bietet einen Rahmen für die Bewertung von Leistung und Fortschritt sowie für die erforderlichen Anpassungen und Verfeinerungen, um auf Kurs zu bleiben und ihre Ziele zu erreichen.

Gut, nachdem wir nun geklärt haben, warum strategische Planung wichtig ist, sprechen wir darüber, wie man sie effektiv umsetzt. Effektive strategische Planung beginnt mit einem klaren Verständnis der Vision, Mission und Werte der Organisation. Nehmen Sie sich die Zeit, darüber nachzudenken, wofür Ihre Organisation steht, was Sie erreichen möchten und wie Sie die Welt verändern möchten. Definieren Sie Ihre langfristige Vision und Ziele und formulieren Sie ein überzeugendes Leitbild, das die Essenz dessen erfasst, worum es in Ihrer Organisation geht.

Sobald Sie Ihre Vision und Mission definiert haben, ist es an der Zeit, eine strategische Analyse des internen und externen Umfelds durchzuführen. Bewerten Sie die Stärken, Schwächen, Chancen und Risiken Ihres Unternehmens und identifizieren Sie wichtige Trends, Treiber und Faktoren, die den Markt und die Branche prägen. Berücksichtigen Sie die Bedürfnisse und Vorlieben Ihrer Kunden, die Maßnahmen und Strategien Ihrer Konkurrenten sowie die breiteren wirtschaftlichen, politischen und sozialen Kräfte, die im Spiel sind.

Wenn Sie die Kräfte verstehen, die in Ihrem Umfeld wirken, können Sie Veränderungen und Chancen besser vorhersehen und darauf reagieren und Ihr Unternehmen auf Erfolg ausrichten.

Nachdem Sie Ihre strategische Analyse durchgeführt haben, ist es an der Zeit, klare Ziele und Prioritäten für Ihr Unternehmen festzulegen. Definieren Sie spezifische, messbare, erreichbare, relevante und zeitgebundene (SMART) Ziele, die Ihnen dabei helfen, Ihre langfristige Vision und Mission zu erreichen. Priorisieren Sie Ihre Ziele anhand ihrer strategischen Bedeutung und potenziellen Auswirkungen und erstellen Sie einen Fahrplan und einen Aktionsplan, der Ihre Bemühungen leitet. Beziehen Sie wichtige Stakeholder unbedingt in den Planungsprozess ein und kommunizieren Sie offen und transparent über Ihre Ziele und Prioritäten sowie die Gründe dafür.

Natürlich geht es bei der strategischen Planung nicht nur um das Setzen von Zielen, sondern auch um deren Umsetzung. Gehen Sie bei der Umsetzung Ihres strategischen Plans proaktiv vor und verteilen Sie Ihre Ressourcen und Investitionen strategisch, um Ihre Ziele und Prioritäten zu unterstützen. Überwachen Sie Ihren Fortschritt und Ihre Leistung regelmäßig und seien Sie bereit, bei Bedarf Anpassungen und Verfeinerungen vorzunehmen, um auf Kurs zu bleiben und Ihre Ziele zu erreichen. Und feiern Sie auf dem Weg dorthin unbedingt Erfolge und Meilensteine, um die harte Arbeit und Beiträge aller Beteiligten anzuerkennen und zu belohnen.

Okay, sprechen wir über die Vorteile einer effektiven strategischen Planung. Effektiv durchgeführte strategische Planung kann Organisationen und Einzelpersonen gleichermaßen eine Vielzahl von Vorteilen bringen. Sie gibt Richtung und Ziel vor und hilft Organisationen, die Komplexität des Marktes zu meistern und ihre langfristigen Ziele zu erreichen. Sie fördert die Leistung und den Erfolg der Organisation, indem sie alle auf eine gemeinsame Vision und ein gemeinsames Ziel ausrichtet und Ressourcen und Anstrengungen auf Aktivitäten und Initiativen konzentriert, die die größte Wirkung haben. Und sie fördert eine Kultur der Innovation und des Lernens, indem sie Organisationen ermutigt, Veränderungen auf dem Markt vorherzusehen und darauf zu reagieren sowie Wachstums- und Verbesserungsmöglichkeiten zu nutzen.

Natürlich erfordert eine effektive strategische Planung Führung, Engagement und Zusammenarbeit auf allen Ebenen einer Organisation. Aber mit der richtigen Herangehensweise und Einstellung können Organisationen einen Kurs zum Erfolg einschlagen und bemerkenswerte Ergebnisse erzielen. Krempeln wir also die Ärmel hoch, machen wir uns an die Arbeit und nutzen wir die strategische Planung als wirksames Instrument zur Erreichung unserer langfristigen Ziele und um einen positiven Einfluss auf die Welt auszuüben. Wir können die Zukunft gestalten.

Entscheidungsfindung: Komplexität mit Klarheit und Zuversicht meistern

Okay, lassen Sie uns einen der wichtigsten Aspekte von Führung und Unternehmenserfolg näher betrachten – die Entscheidungsfindung. Sowohl im Privat- als auch im Berufsleben ist die Fähigkeit, fundierte Entscheidungen zu treffen, für das Erreichen unserer Ziele, das Lösen von Problemen und das Navigieren durch die Komplexität des Lebens unerlässlich. Krempeln wir also die Ärmel hoch und erkunden wir die Feinheiten der Entscheidungsfindung, von der Frage, warum sie wichtig ist, bis hin zur Frage, wie man sie effektiv durchführt.

Zunächst einmal müssen wir unsere Begriffe definieren. Entscheidungsfindung ist der Prozess, bei dem man aus mehreren Alternativen eine Vorgehensweise auswählt, basierend auf sorgfältiger Bewertung und Abwägung relevanter Informationen, Faktoren und Konsequenzen. Ob es sich um die Wahl zwischen verschiedenen Karrierewegen, die Entscheidung über eine größere Anschaffung oder strategische Geschäftsentscheidungen handelt, effektive Entscheidungsfindung erfordert Klarheit, Analyse und Urteilsvermögen. Aber Entscheidungsfindung bedeutet nicht nur, Entscheidungen zu treffen – es geht auch darum, Risiken, Unsicherheiten und Kompromisse zu managen und Verantwortung für die Ergebnisse unserer Entscheidungen zu übernehmen.

Warum ist Entscheidungsfindung also so wichtig? Nun, zum einen ist sie für die Problemlösung und das Erreichen unserer Ziele unerlässlich. In der heutigen komplexen und schnelllebigen Welt stehen wir ständig vor einer Vielzahl von Entscheidungen und Herausforderungen, von alltäglichen Entscheidungen wie der Frage, was wir zu Mittag essen, bis hin zu komplexeren Entscheidungen wie der Frage, welches Stellenangebot wir annehmen oder welche Geschäftsstrategie wir verfolgen. Eine effektive Entscheidungsfindung ermöglicht es uns, unsere Optionen abzuwägen, die Vor- und Nachteile abzuwägen und die beste Vorgehensweise zum Erreichen unserer Ziele zu wählen.

Aber auch für die Führung und den Erfolg eines Unternehmens ist die Entscheidungsfindung wichtig. Führungskräfte müssen oft schwierige Entscheidungen treffen, die sich auf ihre Teams, Organisationen und Stakeholder auswirken. Ob es um die Entscheidung über die Markteinführung eines neuen Produkts, die Zuweisung von Ressourcen oder das Management einer Krise geht – eine effektive Entscheidungsfindung ist für eine klare, selbstbewusste und integere Führung unerlässlich. Durch fundierte, wohlüberlegte Entscheidungen können Führungskräfte bei ihren Teams und Stakeholdern Vertrauen und Zuversicht wecken und die Leistung und den Erfolg des Unternehmens steigern.

Gut, nachdem wir nun geklärt haben, warum Entscheidungsfindung wichtig ist, sprechen wir darüber, wie man sie effektiv durchführt. Effektive Entscheidungsfindung beginnt mit Klarheit. Nehmen Sie sich die Zeit, Ihre Ziele und Prioritäten zu definieren und klarzustellen, was Sie mit Ihrer Entscheidung erreichen möchten. Betrachten Sie die verfügbaren Alternativen und ihre möglichen Ergebnisse und identifizieren Sie die Kriterien und Faktoren, die für Sie am wichtigsten sind. Indem Sie Ihre Ziele und Kriterien klar definieren, können Sie Ihre Aufmerksamkeit und Bemühungen auf die Bewertung der Optionen konzentrieren, die für Sie am relevantesten und sinnvollsten sind.

Sobald Sie Ihre Ziele und Kriterien geklärt haben, ist es an der Zeit, relevante Informationen zu sammeln und zu analysieren. Nehmen Sie sich die Zeit, zu recherchieren und Daten zu sammeln, und berücksichtigen Sie die Perspektiven und Meinungen anderer, die von Ihrer Entscheidung betroffen sein könnten. Verwenden Sie Tools und Techniken wie SWOT-Analyse, Kosten-Nutzen-Analyse oder Entscheidungsbäume, um die Vor- und Nachteile jeder Alternative zu bewerten und ihre potenziellen Risiken und Unsicherheiten einzuschätzen. Durch eine systematische und analytische Herangehensweise an die Entscheidungsfindung können Sie fundiertere und rationalere Entscheidungen treffen, die auf Beweisen und Logik beruhen.

Bei der Entscheidungsfindung geht es jedoch nicht nur um Analyse, sondern auch um Urteilsvermögen. Vertrauen Sie Ihrem Instinkt und Ihrer Intuition und seien Sie bereit, auf Ihr Bauchgefühl und Ihre Emotionen zu hören. Es ist zwar wichtig, Fakten und Beweise zu berücksichtigen, aber manchmal kann unsere Intuition wertvolle Erkenntnisse und Hinweise liefern, die allein durch Daten nicht erfasst werden können. Seien Sie offen für die Erforschung unterschiedlicher Perspektiven und Standpunkte und suchen Sie nach unterschiedlichen Meinungen und Feedback, um Ihre Entscheidung zu untermauern. Und seien Sie bereit, schwierige Entscheidungen und Kompromisse zu treffen, auch wenn sie nicht einfach oder beliebt sind, und übernehmen Sie die Verantwortung für die Ergebnisse Ihrer Entscheidungen.

Natürlich ist die Entscheidungsfindung kein einmaliges Ereignis, sondern ein fortlaufender Lern- und Anpassungsprozess. Seien Sie darauf vorbereitet, die Ergebnisse Ihrer Entscheidungen zu überwachen und zu bewerten, und seien Sie bereit, Ihren Ansatz bei Bedarf anhand von Feedback und Erfahrungen anzupassen und zu verfeinern. Lernen Sie aus Ihren Erfolgen und Misserfolgen und nutzen Sie sie als Gelegenheiten für Wachstum und Verbesserung. Und feiern Sie auf dem Weg dorthin unbedingt Erfolge und Meilensteine, um die harte Arbeit und Beiträge aller Beteiligten anzuerkennen und zu belohnen.

Okay, sprechen wir über die Vorteile effektiver Entscheidungsfindung. Effektive Entscheidungsfindung kann sowohl Einzelpersonen als auch Organisationen eine Vielzahl von Vorteilen bringen. Sie kann uns helfen, unsere Ziele zu erreichen, Probleme zu lösen und die Komplexität des Lebens mit Klarheit und Zuversicht zu meistern. Sie kann den Erfolg von Führung und Organisation fördern, indem sie Vertrauen und Zuversicht bei Teams und Stakeholdern weckt und Leistung und Innovation fördert. Und sie kann letztendlich zu größerer Erfüllung, Zufriedenheit und Erfolg sowohl in unserem Privat- als auch in unserem Berufsleben führen.

Natürlich erfordert effektive Entscheidungsfindung Übung, Geduld und Ausdauer. Aber mit der richtigen Herangehensweise und Einstellung können wir zu kompetenteren und selbstbewussteren Entscheidungsträgern werden, die in der Lage sind, die Komplexität des Lebens mit Klarheit und Selbstvertrauen zu meistern. Also krempeln wir die Ärmel hoch, machen wir uns an die Arbeit und nutzen wir Entscheidungsfindung als mächtiges Werkzeug, um unsere Ziele zu erreichen und einen positiven Einfluss auf die Welt auszuüben. Wir können die Zukunft gestalten.

Innovation und Kreativität: Die Kraft der Vorstellungskraft und des Einfallsreichtums entfesseln

Also gut, begeben wir uns auf eine Reise zu einer der transformativsten Kräfte der Welt – Innovation und Kreativität. Sowohl in unserem Privat- als auch in unserem Berufsleben treiben Innovation und Kreativität den Fortschritt voran, bringen neue Ideen hervor und inspirieren zu bahnbrechenden Lösungen für einige der dringendsten Herausforderungen, denen wir gegenüberstehen. Also krempeln wir die Ärmel hoch und erkunden die Besonderheiten von Innovation und Kreativität, von der Frage, warum sie wichtig sind, bis hin zu der Frage, wie man sie effektiv fördert.

Zunächst einmal müssen wir unsere Begriffe definieren. Innovation ist der Prozess der Entwicklung neuer Ideen, Produkte, Dienstleistungen oder Prozesse, die Wert schaffen und unerfüllte Bedürfnisse auf dem Markt ansprechen. Es geht darum, anders zu denken, den Status quo in Frage zu stellen und die Grenzen des Möglichen zu erweitern. Kreativität hingegen ist die Fähigkeit, neue und nützliche Ideen, Erkenntnisse und Lösungen zu entwickeln, die originell und einfallsreich sind. Es geht darum, unsere angeborene Neugier, Vorstellungskraft und Intuition anzuzapfen und sie zu nutzen, um Probleme zu lösen und etwas Neues zu schaffen.

Warum sind Innovation und Kreativität also so wichtig? Nun, zum einen sind sie unverzichtbar, um Fortschritt und Wachstum voranzutreiben. In der heutigen schnelllebigen und dynamischen Welt müssen Unternehmen ständig innovativ sein und sich anpassen, um immer einen Schritt voraus zu sein und wettbewerbsfähig zu bleiben. Innovation und Kreativität fördern das Wirtschaftswachstum, den technologischen Fortschritt und verbessern unsere Lebensqualität, indem sie Probleme lösen, Arbeitsplätze schaffen und

Unternehmertum fördern. Indem sie eine Kultur der Innovation und Kreativität fördern, können Unternehmen neue Möglichkeiten erschließen, nachhaltiges Wachstum vorantreiben und einen positiven Einfluss auf die Welt ausüben.

Aber Innovation und Kreativität sind auch wichtig für die persönliche und berufliche Erfüllung. Sie ermöglichen es uns, uns auszudrücken, neue Ideen zu erkunden und unsere Komfortzone zu verlassen. Sie inspirieren uns, große Träume zu haben, Risiken einzugehen und Misserfolge als natürlichen Teil des Lernprozesses zu akzeptieren. Indem wir unsere Kreativität kultivieren und Innovationen annehmen, können wir unser volles Potenzial ausschöpfen, unserer Arbeit Sinn und Zweck verleihen und das Leben anderer Menschen verbessern.

Gut, nachdem wir nun geklärt haben, warum Innovation und Kreativität wichtig sind, sprechen wir darüber, wie man sie effektiv fördert. Effektive Innovation und Kreativität beginnen mit der Förderung einer Kultur, die Experimentieren, Erkunden und Zusammenarbeit schätzt und unterstützt. Schaffen Sie eine Umgebung, in der sich jeder ermutigt fühlt, seine Ideen zu teilen, Risiken einzugehen und den Status quo in Frage zu stellen. Fördern Sie abteilungsübergreifende Zusammenarbeit und Gedankenvielfalt und stellen Sie die Ressourcen, Unterstützung und Anreize bereit, die notwendig sind, um Ideen zum Leben zu erwecken.

Wenn Sie eine Kultur der Innovation und Kreativität geschaffen haben, ist es wichtig, die richtigen Tools und Prozesse bereitzustellen, um diese zu unterstützen. Schaffen Sie Räume und Möglichkeiten für Brainstorming, Ideenfindung und Experimente und bieten Sie Zugang zu Ressourcen und Fachwissen, die dabei helfen können, Ideen zu verwirklichen. Ermutigen Sie Ihre Mitarbeiter, ihren Leidenschaften und Interessen nachzugehen, und geben Sie ihnen die Autonomie und Flexibilität, neue Ideen und Ansätze zu erkunden. Und vergessen Sie nicht, die Beiträge derjenigen zu würdigen und anzuerkennen, die Risiken eingehen und die Grenzen des Möglichen erweitern.

Bei Innovation und Kreativität geht es jedoch nicht nur darum, neue Ideen zu entwickeln, sondern auch darum, diese Ideen in die Tat umzusetzen. Fördern Sie eine Vorliebe für Aktion und Experimente und schaffen Sie eine Kultur, in der Scheitern als natürlicher Teil des Innovationsprozesses akzeptiert wird. Ermutigen Sie Mitarbeiter, ihre Ideen schnell und kostengünstig zu testen und dabei aus ihren Erfolgen und Misserfolgen zu lernen. Und stellen Sie sicher, dass Sie die Unterstützung und Ressourcen bereitstellen, die erforderlich sind, damit Ideen erfolgreich sind, sei es Finanzierung, Fachwissen oder Zugang zu Netzwerken und Partnerschaften.

Natürlich erfordern Innovation und Kreativität Führungsstärke, Engagement und Durchhaltevermögen. Aber mit der richtigen Herangehensweise und Einstellung können Unternehmen das volle Potenzial ihrer Mitarbeiter freisetzen und bemerkenswerte Ergebnisse erzielen. Also krempeln wir die Ärmel hoch, machen wir uns an die Arbeit und nutzen Innovation und Kreativität als mächtige Kräfte, um Fortschritt, Wachstum und positive Veränderungen in der Welt voranzutreiben. Wir können die Zukunft gestalten.

Networking: Verbindungen für Erfolg und Wachstum aufbauen

Okay, tauchen wir in eine der wichtigsten Fähigkeiten für persönlichen und beruflichen Erfolg ein – Networking. In der heutigen vernetzten Welt ist der Aufbau und die Pflege von Beziehungen zu anderen entscheidend, um unsere Karriere voranzutreiben, unsere Ziele zu erreichen und neue Möglichkeiten zu erschließen. Krempeln wir also die Ärmel hoch und erkunden wir die Besonderheiten des Networkings, von der Frage, warum es wichtig ist, bis hin zur Frage, wie man es effektiv betreibt.

Zunächst einmal müssen wir unsere Begriffe definieren. Networking ist der Prozess, Beziehungen zu anderen Personen oder Gruppen aufzubauen, um Informationen, Ressourcen und Chancen auszutauschen. Dabei geht es darum, ein Netzwerk von Kontakten aufzubauen und zu pflegen, die uns unterstützen, beraten und Empfehlungen geben können und uns dabei helfen können, die Komplexität unseres Privat- und Berufslebens zu meistern. Beim Networking geht es jedoch nicht nur darum, Kontakte zu knüpfen – es geht auch darum, Vertrauen, Rapport und gegenseitigen Nutzen aufzubauen und sinnvolle und dauerhafte Beziehungen aufzubauen.

Warum ist Networking also so wichtig? Nun, zum einen ist es für den beruflichen Aufstieg und die berufliche Entwicklung unerlässlich. Auf dem heutigen wettbewerbsintensiven Arbeitsmarkt kann uns ein starkes Kontaktnetzwerk einen Wettbewerbsvorteil verschaffen, wenn es darum geht, Stellenangebote zu finden, Empfehlungen zu erhalten und unsere Karriere voranzutreiben. Durch Networking können wir den verborgenen Arbeitsmarkt erschließen, auf dem viele Stellenangebote durch Empfehlungen und Mundpropaganda besetzt werden und nicht durch traditionelle Stellenausschreibungen. Indem wir Beziehungen zu anderen in unserer Branche oder unserem Bereich aufbauen und pflegen, können wir unsere Sichtbarkeit erhöhen, unser Wissen und unsere Fähigkeiten erweitern und uns für den Erfolg positionieren.

Aber Networking ist auch wichtig für persönliches Wachstum und Erfüllung. Der Aufbau von Beziehungen zu anderen ermöglicht es uns, von ihren Erfahrungen, Perspektiven und Erkenntnissen zu lernen und neue Ideen, Perspektiven und Wachstumsmöglichkeiten zu gewinnen. Networking bietet ein Unterstützungssystem von Gleichgesinnten, die uns Ermutigung, Rat und Feedback geben und uns helfen können, die Herausforderungen und Unsicherheiten des Lebens zu meistern. Indem wir uns mit einem vielfältigen und unterstützenden Netzwerk von Kontakten umgeben, können wir unseren Horizont erweitern, unsere Perspektiven erweitern und unser Leben auf sinnvolle und lohnende Weise bereichern.

Gut, nachdem wir nun geklärt haben, warum Networking wichtig ist, wollen wir darüber sprechen, wie man es effektiv betreibt. Effektives Networking beginnt mit Authentizität und echtem Interesse an anderen. Betrachten Sie Networking als eine Gelegenheit, sinnvolle und authentische Beziehungen zu anderen aufzubauen, und nicht als einen bloßen Austausch von Gefälligkeiten oder Gelegenheiten. Nehmen Sie sich die Zeit, Menschen auf einer persönlichen Ebene kennenzulernen, und zeigen Sie echtes Interesse an ihren Interessen, Leidenschaften und Zielen. Indem Sie Vertrauen und ein gutes Verhältnis zu anderen aufbauen, können Sie eine solide Grundlage für eine dauerhafte und für beide Seiten vorteilhafte Beziehung schaffen.

Wenn Sie eine Verbindung zu jemandem aufgebaut haben, ist es wichtig, diese Beziehung über einen längeren Zeitraum zu pflegen und aufrechtzuerhalten. Bleiben Sie regelmäßig mit Ihren Kontakten in Kontakt, sei es per E-Mail, Telefon, über soziale Medien oder bei persönlichen Treffen. Teilen Sie Neuigkeiten über Ihr Leben und Ihre Karriere und zeigen Sie echtes Interesse an den Erfolgen, Herausforderungen und Zielen Ihrer Kontaktpersonen. Bieten Sie proaktiv Unterstützung, Ratschläge und Empfehlungen an, wenn Sie können, und bitten Sie um Hilfe oder Unterstützung, wenn Sie sie brauchen. Indem Sie Zeit und Mühe in die Pflege Ihrer Beziehungen investieren, können Sie ein starkes und unterstützendes Netzwerk aufbauen, das für Sie da ist, wenn Sie es am meisten brauchen.

Beim Networking geht es jedoch nicht nur darum, Beziehungen aufzubauen – es geht auch darum, Ihrem Netzwerk etwas zurückzugeben und im Gegenzug einen Mehrwert zu schaffen. Suchen Sie nach Möglichkeiten, andere in Ihrem Netzwerk zu unterstützen und zu fördern, sei es durch Ratschläge, durch Kontakte oder durch die Bereitstellung von Möglichkeiten zur Zusammenarbeit. Seien Sie großzügig mit Ihrer Zeit, Ihrem Fachwissen und Ihren Ressourcen und seien Sie bereit, dies weiterzugeben, wann immer Sie können. Indem Sie Ihrem Netzwerk einen Mehrwert bieten, können Sie Ihre Beziehungen stärken, Vertrauen und Wohlwollen aufbauen und ein Netzwerk schaffen, das sich gegenseitig unterstützt und für alle Beteiligten von Vorteil ist.

Natürlich erfordert effektives Networking Geduld, Ausdauer und Belastbarkeit. Der Aufbau sinnvoller Beziehungen erfordert Zeit und Mühe, und nicht jede Verbindung führt zu sofortigen Ergebnissen. Aber mit der richtigen Herangehensweise und Einstellung kann Networking ein wirksames Instrument sein, um unsere Karriere voranzutreiben, unsere Ziele zu erreichen und unser Leben zu bereichern. Also krempeln wir die Ärmel hoch, gehen raus und beginnen mit dem Aufbau unserer Netzwerke. Wir können die Zukunft gestalten und unsere Netzwerke sind unsere Verbündeten bei der Verwirklichung unserer Träume.

Stakeholder-Management: Beziehungen aufbauen für Erfolg und Nachhaltigkeit

Okay, lassen Sie uns einen der wichtigsten Aspekte des Projektmanagements und des Unternehmenserfolgs näher betrachten – das Stakeholder-Management. Bei jedem Projekt oder jeder Initiative gibt es verschiedene Einzelpersonen, Gruppen oder Organisationen, die ein Interesse oder einen Anteil an den Ergebnissen haben. Das effektive Management dieser Stakeholder ist entscheidend, um ihre Unterstützung zu gewinnen, Herausforderungen zu meistern und Erfolg zu haben. Krempeln wir also die Ärmel hoch und erkunden wir die Besonderheiten des Stakeholder-Managements, von der Frage, warum es wichtig ist, bis hin zur Frage, wie man es effektiv umsetzt.

Zunächst einmal müssen wir unsere Begriffe definieren. Stakeholder-Management ist der Prozess der Identifizierung, Einbindung und Kommunikation mit Einzelpersonen, Gruppen oder Organisationen, die ein Interesse oder einen Anteil an einem Projekt oder einer Initiative haben. Es geht darum, ihre Bedürfnisse, Erwartungen und Bedenken zu verstehen und proaktiv darauf zu reagieren, während des gesamten Projektlebenszyklus. Aber Stakeholder-Management ist nicht nur die Verwaltung von Beziehungen – es geht auch darum, Vertrauen, Zusammenarbeit und gegenseitigen Nutzen aufzubauen und ein Win-Win-Ergebnis für alle Beteiligten zu schaffen.

Warum ist Stakeholder-Management also so wichtig? Nun, zunächst einmal ist es für den Projekterfolg unerlässlich. In jedem Projekt oder jeder Initiative können Stakeholder einen erheblichen Einfluss auf die Ergebnisse haben, sei es durch ihre Unterstützung, ihren Widerstand, ihre Ressourcen oder ihren Einfluss. Indem sie Stakeholder früh und oft einbeziehen und sie in wichtige Entscheidungen und Diskussionen einbeziehen, können

Projektmanager ihre Unterstützung und ihr Einverständnis gewinnen und so die Erfolgswahrscheinlichkeit erhöhen. Stakeholder-Management hilft auch dabei, potenzielle Risiken und Probleme frühzeitig zu erkennen, sodass Projektmanager sie proaktiv angehen und ihre Auswirkungen auf das Projekt abmildern können.

Aber auch für den Erfolg und die Nachhaltigkeit eines Unternehmens ist Stakeholder-Management wichtig. In der heutigen vernetzten und voneinander abhängigen Welt müssen Unternehmen die Bedürfnisse und Interessen einer Vielzahl von Stakeholdern berücksichtigen, darunter Mitarbeiter, Kunden, Investoren, Aufsichtsbehörden und die Gesellschaft. Durch eine sinnvolle und transparente Zusammenarbeit mit Stakeholdern können Unternehmen Vertrauen, Glaubwürdigkeit und guten Willen aufbauen und einen positiven Ruf und ein positives Markenimage schaffen. Stakeholder-Management hilft Unternehmen auch dabei, aufkommende Trends und Probleme vorherzusehen und darauf zu reagieren sowie ihre Strategien und Praktiken anzupassen, um immer einen Schritt voraus zu sein.

Gut, nachdem wir nun geklärt haben, warum Stakeholder-Management wichtig ist, sprechen wir darüber, wie es effektiv umgesetzt werden kann. Effektives Stakeholder-Management beginnt mit der Identifizierung und dem Verständnis Ihrer Stakeholder. Nehmen Sie sich die Zeit, alle Einzelpersonen, Gruppen oder Organisationen zu erfassen, die ein Interesse oder einen Anteil an Ihrem Projekt oder Ihrer Initiative haben, und analysieren Sie ihre Bedürfnisse, Erwartungen und Bedenken. Berücksichtigen Sie ihren Einfluss, ihre Macht und ihr Interesse an dem Projekt und priorisieren Sie Ihre Bemühungen entsprechend.

Sobald Sie Ihre Stakeholder identifiziert haben, ist es wichtig, sie frühzeitig und häufig einzubeziehen. Kommunizieren Sie offen und transparent über Ihr Projekt oder Ihre Initiative und beziehen Sie Stakeholder in wichtige Entscheidungen und Diskussionen ein, die sie betreffen. Hören Sie aufmerksam auf ihr Feedback und ihre Bedenken und gehen Sie auf ihre Bedürfnisse und Interessen ein. Indem Sie Stakeholder in den Prozess einbeziehen, können Sie ihre Unterstützung und ihr Engagement gewinnen und die Erfolgswahrscheinlichkeit erhöhen.

Beim Stakeholdermanagement geht es jedoch nicht nur um Kommunikation, sondern auch um den Aufbau von Beziehungen. Nehmen Sie sich die Zeit, Vertrauen und ein gutes Verhältnis zu Ihren Stakeholdern aufzubauen, und investieren Sie in die Aufrechterhaltung positiver und konstruktiver Beziehungen zu ihnen im Laufe der Zeit. Informieren Sie die Stakeholder proaktiv über den Projektverlauf und gehen Sie transparent mit allen auftretenden Herausforderungen oder Problemen um. Achten Sie darauf, die Beiträge Ihrer Stakeholder anzuerkennen und zu würdigen, und feiern Sie Erfolge und Meilensteine auf dem Weg dorthin.

Natürlich erfordert Stakeholder-Management Führungsstärke, Einfühlungsvermögen und Belastbarkeit. Der Aufbau und die Pflege positiver Beziehungen zu Stakeholdern kann eine Herausforderung sein, insbesondere wenn konkurrierende Interessen oder Prioritäten im Spiel sind. Aber mit der richtigen Herangehensweise und Einstellung kann Stakeholder-Management ein wirksames Instrument für den Projekterfolg und die Nachhaltigkeit der Organisation sein. Also krempeln wir die Ärmel hoch, machen wir uns an die Arbeit und nutzen Stakeholder-Management als Schlüsselfaktor für Erfolg und Wirkung. Wir können die Zukunft gestalten und unsere Stakeholder sind unsere Partner bei der Erreichung unserer Ziele.

Funktionsübergreifende Zusammenarbeit: Einheit fördern für gemeinsamen Erfolg

Okay, lassen Sie uns einen der wichtigsten Aspekte der Effektivität einer Organisation näher betrachten – die funktionsübergreifende Zusammenarbeit. In der heutigen vernetzten und komplexen Geschäftswelt ist die Fähigkeit, funktions- und abteilungsübergreifend effektiv zusammenzuarbeiten, unerlässlich, um Innovationen voranzutreiben, strategische Ziele zu erreichen und Mehrwert für Kunden zu schaffen. Krempeln wir also die Ärmel hoch und erkunden wir die Besonderheiten der funktionsübergreifenden Zusammenarbeit, von der Frage, warum sie wichtig ist, bis hin zur Frage, wie sie effektiv umgesetzt werden kann.

Zunächst einmal müssen wir unsere Begriffe definieren. Bei funktionsübergreifender Zusammenarbeit werden Einzelpersonen oder Teams aus verschiedenen Funktionen oder Abteilungen innerhalb einer Organisation zusammengebracht, um auf ein gemeinsames Ziel hinzuarbeiten. Dabei werden Silos aufgebrochen, Kommunikation und Zusammenarbeit gefördert und die unterschiedlichen Perspektiven, Fähigkeiten und Fachkenntnisse der Teammitglieder genutzt, um Probleme zu lösen, Entscheidungen zu treffen und Ergebnisse zu erzielen. Bei funktionsübergreifender Zusammenarbeit geht es jedoch nicht nur um die Zusammenarbeit – es geht auch darum, Vertrauen, Respekt und Einheit aufzubauen und eine Kultur der Teamarbeit und gegenseitigen Unterstützung zu schaffen.

Warum ist die abteilungsübergreifende Zusammenarbeit so wichtig? Nun, zunächst einmal ist sie unerlässlich, um Innovation und Kreativität voranzutreiben. Im heutigen, sich schnell verändernden und wettbewerbsorientierten Geschäftsumfeld ist Innovation oft der Schlüssel zum Erfolg. Durch die Zusammenführung von Personen mit unterschiedlichen Hintergründen, Erfahrungen und Perspektiven ermöglicht die abteilungsübergreifende Zusammenarbeit Unternehmen, auf eine breite Palette von Ideen, Erkenntnissen und Fachwissen zurückzugreifen und innovative Lösungen für komplexe Probleme zu entwickeln. Zusammenarbeit fördert Kreativität, bringt neue Ideen hervor und ermutigt zum Experimentieren und Risikofreudigkeit, was zu bahnbrechenden Innovationen führt, die Wachstum und Wettbewerbsfähigkeit fördern.

Aber auch für das Erreichen strategischer Ziele und die Wertschöpfung für Kunden ist eine funktionsübergreifende Zusammenarbeit wichtig. Viele der dringendsten Herausforderungen und Chancen unserer Zeit sind komplex und vielschichtig und erfordern Input und Fachwissen aus mehreren Funktionen oder Abteilungen innerhalb einer Organisation. Durch die funktionsübergreifende Zusammenarbeit können Organisationen ihre Anstrengungen und Ressourcen auf gemeinsame Ziele ausrichten und Ergebnisse erzielen, die mehr sind als die Summe ihrer Teile. Durch die Zusammenarbeit können Organisationen ihre gemeinsamen Stärken, Ressourcen und Fähigkeiten nutzen und nahtlose und integrierte Lösungen liefern, die den Bedürfnissen und Erwartungen ihrer Kunden gerecht werden.

Gut, nachdem wir nun geklärt haben, warum funktionsübergreifende Zusammenarbeit wichtig ist, wollen wir darüber sprechen, wie sie effektiv umgesetzt werden kann. Effektive funktionsübergreifende Zusammenarbeit beginnt mit Führung und Engagement der Geschäftsleitung. Führungskräfte müssen den Ton und die Erwartungen für die Zusammenarbeit festlegen und eine Kultur schaffen, die Teamarbeit, Kommunikation und Kooperation schätzt und belohnt. Sie müssen Silos und Barrieren abbauen, die die Zusammenarbeit verhindern, und Strukturen und Prozesse schaffen, die die funktionsübergreifende Kommunikation und Koordination erleichtern.

Sobald die Grundlage für die Zusammenarbeit geschaffen ist, ist es wichtig, klare Ziele, Rollen und Verantwortlichkeiten für funktionsübergreifende Teams festzulegen. Definieren Sie die Ziele und den Umfang der Zusammenarbeit und klären Sie die Rollen und Verantwortlichkeiten von Teammitgliedern aus verschiedenen Funktionen oder Abteilungen. Legen Sie klare Erwartungen hinsichtlich Kommunikation, Entscheidungsfindung und Verantwortlichkeit fest und führen Sie regelmäßige Check-Ins und Updates ein, um den Fortschritt zu überwachen und auftretende Probleme oder Bedenken zu lösen.

Eine effektive abteilungsübergreifende Zusammenarbeit erfordert jedoch auch effektive Kommunikationsfähigkeiten und Fähigkeiten zum Beziehungsaufbau. Fördern Sie eine offene und transparente Kommunikation zwischen den Teammitgliedern und schaffen Sie Möglichkeiten zum Austausch von Ideen, Feedback und Best Practices. Fördern Sie eine Kultur des Vertrauens, des Respekts und der gegenseitigen Unterstützung, in der sich die Teammitglieder wohl fühlen, wenn sie ihre Meinung äußern und den Status quo in Frage stellen. Und seien Sie proaktiv bei der Lösung von Konflikten oder Missverständnissen, die auftreten können, und konzentrieren Sie sich darauf, Win-Win-Lösungen zu finden, die den Bedürfnissen und Interessen aller Beteiligten gerecht werden.

Natürlich erfordert die abteilungsübergreifende Zusammenarbeit Geduld, Ausdauer und Belastbarkeit. Der Aufbau und die Aufrechterhaltung effektiver Kooperationen kann eine Herausforderung sein, insbesondere wenn konkurrierende Prioritäten oder Interessen im Spiel sind. Aber mit dem richtigen Ansatz und der richtigen Einstellung können Unternehmen die Kraft der abteilungsübergreifenden Zusammenarbeit nutzen, um Innovationen voranzutreiben, strategische Ziele zu erreichen und Mehrwert für Kunden zu schaffen. Krempeln wir also die Ärmel hoch, machen wir uns an die Arbeit und nutzen wir die abteilungsübergreifende

Zusammenarbeit als Schlüsselfaktor für den Erfolg und die Wirkung unseres Unternehmens. Wir können die Zukunft gestalten und gemeinsam können wir bemerkenswerte Ergebnisse erzielen.

Kontinuierliches Lernen: Wachstum für die persönliche und berufliche Entwicklung nutzen

Also gut, begeben wir uns auf eine Reise zu einer der transformativsten Praktiken für persönliches und berufliches Wachstum – kontinuierliches Lernen. In der heutigen, sich schnell entwickelnden Welt ist die Fähigkeit, sich anzupassen, zu lernen und zu wachsen, unerlässlich, um relevant zu bleiben, Erfolg zu haben und ein erfülltes Leben zu führen. Also krempeln wir die Ärmel hoch und erkunden die Vor- und Nachteile des kontinuierlichen Lernens, von der Frage, warum es wichtig ist, bis hin zur Frage, wie man es effektiv fördert.

Zunächst einmal müssen wir unsere Begriffe definieren. Kontinuierliches Lernen ist die Praxis, aktiv und fortlaufend nach neuem Wissen, neuen Fähigkeiten und Erfahrungen zu suchen, um uns selbst zu verbessern, unsere Karriere voranzutreiben und unsere Ziele zu erreichen. Dazu gehört eine Geisteshaltung der Neugier, Offenheit und Lernbereitschaft sowie die Verpflichtung zu lebenslanger Entwicklung und Verbesserung. Aber beim kontinuierlichen Lernen geht es nicht nur um den Erwerb von Wissen – es geht auch darum, das Gelernte anzuwenden, über unsere Erfahrungen nachzudenken und neue Erkenntnisse und Perspektiven in unser Leben zu integrieren.

Warum ist kontinuierliches Lernen so wichtig? Nun, zum einen ist es unerlässlich, um in der heutigen schnelllebigen und sich ständig verändernden Welt relevant und wettbewerbsfähig zu bleiben. Das Tempo des Wandels in unserer Gesellschaft beschleunigt sich, angetrieben durch technologische Fortschritte, Globalisierung und sich verändernde soziale und wirtschaftliche Dynamiken. Um mit diesen Veränderungen Schritt zu halten und in unserer Karriere und unserem Leben erfolgreich zu sein, müssen wir bereit sein, uns kontinuierlich anzupassen und zu lernen. Kontinuierliches Lernen ermöglicht es uns, immer einen Schritt voraus zu sein, aufkommende Trends und Chancen vorherzusehen und uns für den Erfolg in einer sich schnell entwickelnden Landschaft zu positionieren.

Aber kontinuierliches Lernen ist auch wichtig für persönliches Wachstum und Erfüllung. Das Lernen neuer Dinge erweitert unseren Horizont, erweitert unsere Perspektiven und bereichert unser Leben auf sinnvolle und lohnende Weise. Es ermöglicht uns, unsere Interessen, Leidenschaften und Talente zu erkunden und neue Möglichkeiten und Erfahrungen zu verfolgen, die uns Freude und Erfüllung bringen. Kontinuierliches Lernen fördert eine Wachstumsmentalität, Belastbarkeit und Selbstvertrauen und befähigt uns, Herausforderungen und Hindernisse mit Mut und Entschlossenheit zu überwinden.

Gut, nachdem wir nun geklärt haben, warum kontinuierliches Lernen wichtig ist, sprechen wir darüber, wie man es effektiv fördert. Effektives kontinuierliches Lernen beginnt mit einer Einstellung der Neugier und Offenheit für neue Erfahrungen. Betrachten Sie das Lernen als eine Reise der Erkundung und Entdeckung und nicht als ein Ziel oder Endziel. Entwickeln Sie ein Gefühl des Staunens und der Ehrfurcht vor der Welt um Sie herum und seien Sie bereit, Ihre Komfortzone zu verlassen und neue Dinge auszuprobieren. Akzeptieren Sie Misserfolge als natürlichen Teil des Lernprozesses und sehen Sie sie als Chance für Wachstum und Verbesserung.

Sobald Sie sich an kontinuierliches Lernen gewöhnt haben, ist es wichtig, einen Plan und eine Struktur für Ihren Lernprozess zu erstellen. Setzen Sie sich klare Ziele für das, was Sie lernen und erreichen möchten, und erstellen Sie einen Fahrplan oder Aktionsplan, der Ihre Bemühungen leitet. Teilen Sie Ihre Ziele in kleinere, überschaubare Schritte auf und priorisieren Sie Ihre Lernaktivitäten nach ihrer Wichtigkeit und Relevanz für Ihre Ziele. Suchen Sie proaktiv nach Lernmöglichkeiten, sei es durch formale Bildung, Online-Kurse, Workshops oder selbstgesteuertes Lernen. Und stellen

Sie sicher, dass Sie Zeit und Ressourcen einplanen, um Ihren Lernprozess zu unterstützen und ihn zu einer Priorität in Ihrem Leben zu machen.

Effektives kontinuierliches Lernen erfordert jedoch auch die Reflexion und Integration des Gelernten in unser Leben. Nehmen Sie sich die Zeit, über Ihre Lernerfahrungen nachzudenken und neue Erkenntnisse und Perspektiven in Ihr Denken und Verhalten zu integrieren. Suchen Sie nach Möglichkeiten, das Gelernte in Ihrem Privat- und Berufsleben anzuwenden und Ihr Wissen und Ihre Expertise mit anderen zu teilen. Holen Sie sich Feedback und Anleitung von Mentoren, Trainern oder Kollegen und seien Sie offen dafür, von deren Erfahrungen und Perspektiven zu lernen.

Natürlich erfordert kontinuierliches Lernen Engagement, Disziplin und Belastbarkeit. Es braucht Zeit und Mühe, sich lebenslanges Lernen zur Gewohnheit zu machen, und auf dem Weg dorthin wird es unweigerlich Herausforderungen und Hindernisse geben. Aber mit der richtigen Herangehensweise und Einstellung kann kontinuierliches Lernen eine lohnende und bereichernde Erfahrung sein, die unser Leben auf tiefgreifende und bedeutsame Weise verändert. Also krempeln wir die Ärmel hoch, machen uns an die Arbeit und begreifen kontinuierliches Lernen als eine lebenslange Reise des Wachstums, der Entdeckung und der Selbstverbesserung. Wir können die Zukunft gestalten, und kontinuierliches Lernen ist unser Fahrplan zu Erfolg und Erfüllung.

Work-Life-Balance: Harmonie in einer hektischen Welt fördern

Okay, lassen Sie uns einen der wichtigsten Aspekte des modernen Lebens untersuchen – die Work-Life-Balance. In der heutigen schnelllebigen und anspruchsvollen Welt ist es für unser Wohlbefinden, unsere Zufriedenheit und unsere allgemeine Lebensqualität unerlässlich, ein gesundes Gleichgewicht zwischen unseren beruflichen Verpflichtungen und unseren persönlichen Zielen zu finden. Krempeln wir also die Ärmel hoch und vertiefen uns in die Feinheiten der Work-Life-Balance, von der Frage, warum sie so wichtig ist, bis hin zu der Frage, wie man sie effektiv fördern kann.

Lassen Sie uns zunächst einmal unsere Begriffe definieren. Work-Life-Balance ist die heikle Kunst, die Anforderungen unserer Karriere mit dem Wunsch nach persönlicher Erfüllung, Gesundheit und Glück in Einklang zu bringen. Es geht darum, unsere Zeit, Energie und Prioritäten so zu verwalten, dass wir in unseren beruflichen Bemühungen hervorragende Leistungen erbringen und gleichzeitig unsere Beziehungen pflegen, unseren Leidenschaften nachgehen und uns um unser körperliches und geistiges Wohlbefinden kümmern können. Aber bei der Work-Life-Balance geht es nicht nur darum, unsere Zeit einzuteilen – es geht auch darum, Grenzen zu setzen, Erwartungen zu managen und Harmonie zwischen unserem Arbeits- und Privatleben zu finden.

Warum ist die Work-Life-Balance so wichtig? Nun, zunächst einmal ist sie für unsere Gesundheit und unser Wohlbefinden unerlässlich. Untersuchungen haben gezeigt, dass chronischer Stress und Überarbeitung unsere körperliche und geistige Gesundheit erheblich beeinträchtigen können, was zu Burnout, Erschöpfung und einem erhöhten Risiko für gesundheitliche Probleme wie Herzkrankheiten, Depressionen und Angstzuständen führen kann.

Indem wir der Work-Life-Balance Priorität einräumen, können wir unseren Stresspegel senken, neue Kraft tanken und unsere allgemeine Gesundheit und unser Wohlbefinden verbessern.

Aber auch für unsere Beziehungen und unsere Lebensqualität ist die Work-Life-Balance entscheidend. Unsere persönlichen Beziehungen sind die Grundlage unseres Glücks und unserer Erfüllung und geben uns Liebe, Unterstützung und Verbundenheit in unserem Leben. Wenn wir unsere Beziehungen zugunsten der Arbeit vernachlässigen, kann das unsere Beziehungen belasten und zu Gefühlen der Einsamkeit, Isolation und Reue führen. Indem wir wertvolle Zeit mit unseren Lieben priorisieren und unsere Beziehungen pflegen, können wir ein starkes Unterstützungssystem und ein Gefühl der Zugehörigkeit schaffen, das uns durch die Herausforderungen und Erfolge des Lebens trägt.

Gut, nachdem wir nun geklärt haben, warum die Work-Life-Balance wichtig ist, wollen wir darüber sprechen, wie man sie effektiv pflegen kann. Eine effektive Work-Life-Balance beginnt mit dem Setzen klarer Grenzen und Prioritäten. Nehmen Sie sich die Zeit, herauszufinden, was Ihnen in Ihrem Berufs- und Privatleben am wichtigsten ist, und setzen Sie Grenzen, die Ihre Zeit, Energie und Ihr Wohlbefinden schützen. Kommunizieren Sie Ihre Grenzen und Prioritäten gegenüber Ihren Kollegen, Kunden und Angehörigen und seien Sie bereit, „Nein" zu Verpflichtungen oder Forderungen zu sagen, die nicht mit Ihren Werten oder Zielen übereinstimmen.

Sobald Sie Ihre Grenzen und Prioritäten festgelegt haben, ist es wichtig, Ihre Zeit und Energie effektiv zu verwalten. Priorisieren Sie Ihre Aufgaben und Verantwortlichkeiten nach Wichtigkeit und Dringlichkeit und teilen Sie Ihre Zeit und Energie entsprechend ein. Planen Sie im Laufe des Tages regelmäßig Pausen ein, um neue Kraft zu tanken und sich zu erholen, und achten Sie auf Ihr körperliches und geistiges Wohlbefinden. Nehmen Sie sich Zeit für Aktivitäten zur Selbstfürsorge wie Sport, Meditation oder Hobbys, die Ihnen Freude und Erfüllung bringen, und machen Sie sie zu einer Priorität in Ihrem Alltag.

Eine effektive Work-Life-Balance erfordert jedoch auch Flexibilität und Anpassungsfähigkeit. Das Leben ist unvorhersehbar und es wird unvermeidlich Zeiten geben, in denen die Arbeit mehr Zeit und Aufmerksamkeit erfordert oder in denen persönliche Verpflichtungen eine Anpassung unserer Zeitpläne erfordern. Seien Sie bereit, flexibel zu sein und sich an veränderte Umstände anzupassen, und suchen Sie proaktiv nach kreativen Lösungen, mit denen Sie Ihren Verpflichtungen nachkommen können, ohne Ihr Wohlbefinden zu opfern. Suchen Sie bei Bedarf Unterstützung bei Ihren Kollegen, Freunden oder Familienmitgliedern und seien Sie bereit, Aufgaben zu delegieren oder um Hilfe zu bitten, wenn Sie sich überfordert fühlen.

Natürlich ist die Entwicklung einer Work-Life-Balance ein fortlaufender Prozess, der Achtsamkeit, Selbstbewusstsein und Engagement erfordert. Es ist nicht immer einfach und es wird Zeiten geben, in denen wir Schwierigkeiten haben, die richtige Balance zu finden. Aber mit Übung und Ausdauer können wir ein erfüllendes, sinnvolles und nachhaltiges Leben schaffen – ein Leben, in dem Arbeit und persönliche Ziele harmonisch koexistieren und in dem wir sowohl beruflich als auch privat Erfolg haben. Also krempeln wir die Ärmel hoch, machen uns an die Arbeit und beschreiten den Weg zur Work-Life-Balance als Weg zu mehr Glück, Erfüllung und Wohlbefinden. Die Zukunft liegt in unserer Hand und mit Ausgeglichenheit in unserem Leben können wir alles erreichen, was wir uns vornehmen.

Reflektieren und verbessern: Der Weg zum persönlichen und beruflichen Wachstum

Okay, erkunden wir die transformative Praxis des Reflektierens und Verbesserns. In unserem schnelllebigen Leben ist es für das persönliche und berufliche Wachstum unerlässlich, sich die Zeit zu nehmen, innezuhalten, nachzudenken und aus unseren Erfahrungen zu lernen. Krempeln wir also die Ärmel hoch und vertiefen uns in die Feinheiten des Reflektierens und Verbesserns, von der Frage, warum es so wichtig ist, bis hin zur Frage, wie man es effektiv kultiviert.

Zunächst einmal müssen wir unsere Begriffe definieren. Reflektieren ist der Prozess, bei dem wir neugierig und offen auf unsere Erfahrungen, Gedanken und Handlungen zurückblicken. Dabei treten wir einen Schritt zurück von der Geschäftigkeit des Lebens und betrachten unsere Erfolge, Herausforderungen und gewonnenen Erkenntnisse mit kritischem Blick. Verbessern hingegen ist der Prozess, bei dem wir unsere Reflexionen nutzen, um positive Veränderungen in unserem Leben herbeizuführen. Dabei geht es darum, Bereiche für Wachstum und Entwicklung zu identifizieren und gezielte Maßnahmen zu ergreifen, um unsere Fähigkeiten, Gewohnheiten und unsere Denkweise zu verbessern.

Warum ist es also so wichtig, zu reflektieren und sich zu verbessern? Nun, zum einen ist es für Lernen und Wachstum unerlässlich. Unsere Erfahrungen, sowohl positive als auch negative, enthalten wertvolle Lektionen und Erkenntnisse, die uns helfen können, bessere Versionen unserer selbst zu werden. Indem wir uns die Zeit nehmen, über unsere Erfahrungen nachzudenken und die darin enthaltene Weisheit zu nutzen, können wir ein tieferes Verständnis von uns selbst, unseren Stärken und Schwächen und der Welt um uns herum erlangen. Durch das Reflektieren können wir aus unseren Fehlern lernen, unsere Erfolge feiern und fundierte Entscheidungen treffen, die mit unseren Werten und Zielen übereinstimmen.

Aber auch für die persönliche und berufliche Entwicklung ist das Reflektieren und Verbessern von entscheidender Bedeutung. In der heutigen schnelllebigen und komplexen Welt ist die Fähigkeit, sich anzupassen, zu lernen und zu wachsen, unerlässlich, um relevant zu bleiben und Erfolg zu haben. Indem wir kontinuierlich über unsere Erfahrungen nachdenken und nach Verbesserungsmöglichkeiten suchen, können wir unsere Fähigkeiten verbessern, unser Wissen erweitern und neue Möglichkeiten für Aufstieg und Erfüllung erschließen. Durch das Reflektieren und Verbessern werden wir widerstandsfähiger, anpassungsfähiger und können die Herausforderungen und Unsicherheiten des Lebens besser meistern.

Gut, nachdem wir nun geklärt haben, warum Reflexion und Verbesserung wichtig sind, wollen wir darüber sprechen, wie man sie effektiv kultiviert. Effektive Reflexion und Verbesserung beginnt damit, Zeit und Raum für Selbstreflexion zu schaffen. Nehmen Sie sich jeden Tag oder jede Woche Zeit, um innezuhalten, Ihren Geist zu beruhigen und über Ihre Erfahrungen nachzudenken. Sie können Tagebuch führen, meditieren oder einfach still dasitzen und über Ihre Gedanken und Gefühle nachdenken. Der Schlüssel liegt darin, eine Gewohnheit der Reflexion zu schaffen, die es Ihnen ermöglicht, sich auf Ihre innere Weisheit einzustimmen und Klarheit und Einsicht in Ihr Leben zu gewinnen.

Wenn Sie sich Zeit zum Nachdenken genommen haben, ist es wichtig, sich wichtige Fragen zu stellen, die zu tieferem Nachdenken und Selbstfindung anregen. Stellen Sie sich Fragen wie: Was habe ich aus dieser Erfahrung gelernt? Was lief gut und was hätte ich anders machen können? Was sind meine Stärken und Bereiche, in denen ich mich verbessern kann? Was sind meine Ziele und Wünsche und welche Schritte kann ich unternehmen, um sie zu erreichen? Indem Sie sich diese tiefgründigen Fragen stellen, können Sie wertvolle Erkenntnisse gewinnen und Verbesserungsbereiche identifizieren, die Ihr Handeln und Ihre Entscheidungen in Zukunft beeinflussen können.

Aber beim Nachdenken und Verbessern geht es nicht nur um Selbstbeobachtung, sondern auch darum, aktiv zu werden. Wenn Sie Bereiche für Wachstum und Entwicklung identifiziert haben, ist es wichtig, gezielte Maßnahmen zu ergreifen, um positive Veränderungen in Ihrem Leben herbeizuführen. Setzen Sie sich konkrete, messbare und erreichbare Ziele und erstellen Sie einen Aktionsplan, um diese zu erreichen. Teilen Sie Ihre Ziele in kleinere, überschaubare Schritte auf und priorisieren Sie Ihre Bemühungen nach Wichtigkeit und Dringlichkeit. Und achten Sie darauf, Ihren Fortschritt zu verfolgen und Ihre Erfolge auf dem Weg dorthin zu feiern, um motiviert und inspiriert zu bleiben, weiter zu wachsen und sich zu verbessern.

Natürlich ist das Reflektieren und Verbessern ein fortlaufender Prozess, der Engagement, Disziplin und Belastbarkeit erfordert. Es ist nicht immer einfach, und es wird Zeiten geben, in denen wir Schwierigkeiten haben, die Motivation oder Klarheit zu finden, um nachzudenken und Maßnahmen zu ergreifen. Aber mit Übung und Ausdauer können wir eine Gewohnheit des kontinuierlichen Lernens und der Verbesserung entwickeln, die unser Leben bereichert und uns unseren Zielen näher bringt. Also krempeln wir die Ärmel hoch, machen uns an die Arbeit und begrüßen die Reise des Reflektierens und Verbesserns als Weg zu mehr Selbstbewusstsein, Erfüllung und Erfolg. Die Zukunft liegt in unserer Hand, und mit Reflexion und Verbesserung können wir alles erreichen, was wir uns vorgenommen haben.

Abschluss

Abschließend lässt sich sagen, dass die Reise durch den Leitfaden für angehende Manager eine bereichernde und aufschlussreiche Erfahrung war. Wir haben eine breite Palette von Themen erkundet, von den Grundlagen des Managements bis hin zu den Nuancen von Führung, Kommunikation und Organisationsdynamik. Während dieser Reise haben wir wertvolle Erkenntnisse und praktische Strategien gewonnen, um die Komplexität der Führungsrolle zu meistern und sowohl im Berufs- als auch im Privatleben erfolgreich zu sein.

Wir begannen damit, die Rolle eines Managers zu untersuchen und seine Verantwortlichkeiten, Herausforderungen und Chancen zu verstehen. Dann vertieften wir uns in grundlegende Fähigkeiten wie Kommunikation, Delegation, Zeitmanagement und Entscheidungsfindung und lernten, wie man Teams effektiv führt und inspiriert, um ihre Ziele zu erreichen. Wir untersuchten die Bedeutung von Vielfalt, Inklusion und emotionaler Intelligenz für die Schaffung eines positiven und integrativen Arbeitsumfelds, in dem sich jeder Einzelne wertgeschätzt, respektiert und ermutigt fühlt, sein Bestes zu geben.

Wir haben uns auch mit kritischen Themen wie Rekrutierung, Onboarding, Leistungsmanagement und Konfliktlösung befasst und wertvolle Erkenntnisse darüber gewonnen, wie man Top-Talente anzieht, entwickelt und behält und wie man Herausforderungen und Konflikte mit Anmut und Professionalität meistert. Wir haben die Bedeutung kontinuierlichen Lernens, Nachdenkens und Verbesserns untersucht und dabei erkannt, dass Wachstum und Entwicklung lebenslange Reisen sind, die Engagement, Neugier und Belastbarkeit erfordern.

In diesem Leitfaden ist ein übergreifendes Thema aufgetaucht: die Bedeutung von Beziehungen. Ob es darum geht, Vertrauen und ein gutes Verhältnis zu unseren Teammitgliedern aufzubauen, abteilungsübergreifend effektiv zusammenzuarbeiten oder mit Stakeholdern und Kunden zu interagieren – der Erfolg im Management hängt letztlich von der Qualität unserer Beziehungen ab. Indem wir eine Kultur des Vertrauens, des Respekts und der Zusammenarbeit fördern und in unser persönliches und berufliches Wachstum investieren, können wir einen Arbeitsplatz schaffen, an dem jeder gedeiht und erfolgreich ist.

Zum Abschluss dieses Leitfadens möchten wir uns daran erinnern, dass es beim Management nicht nur darum geht, Ergebnisse zu erzielen, sondern auch darum, das Leben anderer positiv zu beeinflussen. Indem wir mit Integrität, Einfühlungsvermögen und Zielstrebigkeit führen und danach streben, einen Arbeitsplatz zu schaffen, an dem sich jeder wertgeschätzt und unterstützt fühlt, können wir eine bessere Welt für uns selbst und zukünftige Generationen schaffen.

Nehmen wir also die Lehren aus diesem Leitfaden und wenden sie in unserem täglichen Leben an, sowohl beruflich als auch privat. Streben wir danach, die Art von Führungspersönlichkeiten zu sein, die andere inspirieren, Spitzenleistungen fördern und einen Unterschied in der Welt machen. Und vergessen wir nie, dass die lohnendste Reise nicht die ist, die wir allein unternehmen, sondern die, die wir gemeinsam unternehmen, als Team, vereint in unserem Engagement für Spitzenleistungen, Wachstum und Erfolg.

Vielen Dank, dass Sie mich auf dieser Reise begleiten. Auf Ihren Erfolg als Manager, Führungskraft und Changemaker. Die Zukunft sieht rosig aus und mit dem Wissen und den Fähigkeiten, die wir in diesem Leitfaden erwerben, sind unseren Möglichkeiten keine Grenzen gesetzt. Ein Hoch auf Neuanfänge und spannende Möglichkeiten!

www.ingramcontent.com/pod-product-compliance
Lightning Source LLC
Chambersburg PA
CBHW050111230526
45470CB00004B/1783